农村集体经济组织"三资"管理

◎ 梁胜江　郭艳红　吕厚军　肖开辉　主编

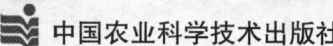

中国农业科学技术出版社

图书在版编目(CIP)数据

农村集体经济组织"三资"管理 / 梁胜江等主编. 北京：中国农业科学技术出版社，2025.6. --ISBN 978-7-5116-7450-0

Ⅰ. F321.42

中国国家版本馆 CIP 数据核字第 20255D9748 号

责任编辑　施睿佳　姚　欢
责任校对　王　彦
责任印制　姜义伟　王思文

出 版 者　中国农业科学技术出版社
　　　　　北京市中关村南大街 12 号　　邮编：100081
电　　话　(010) 82106631 (编辑室)　　(010) 82106624 (发行部)
　　　　　(010) 82109709 (读者服务部)
网　　址　https://castp.caas.cn
经 销 者　各地新华书店
印 刷 者　中煤(北京)印务有限公司
开　　本　140 mm×203 mm　1/32
印　　张　5.5
字　　数　155 千字
版　　次　2025 年 6 月第 1 版　2025 年 6 月第 1 次印刷
定　　价　36.00 元

◆◆◆ 版权所有·翻印必究 ◆◆◆

《农村集体经济组织"三资"管理》
编委会

主　编：梁胜江　郭艳红　吕厚军　肖开辉

副主编：魏　建　梁兴友　刘明杰　张旭锋
　　　　李　嫣　田　野　刘　佳　宋清山
　　　　张志刚　刘　凯　胡　晴　肖征军
　　　　雷建英　冯　刚　陈　静　孙桂容
　　　　孙　健　宋华峰　陈　益　郝　霞

前　言

农村集体经济组织"三资"管理是对农村集体经济组织资金、资产、资源进行管理的统称。在农村改革不断深化、乡村振兴战略全面推进的大背景下，规范和加强农村集体经济组织"三资"管理意义重大。它不仅是保障农民财产权益的必然要求，也是推动农村集体经济发展的重要保障，还是维护农村社会和谐稳定的重要举措。

然而，当前农村集体经济组织"三资"管理仍存在一些问题和挑战。如管理制度不健全、管理手段落后、监督机制不完善等情况，甚至出现侵占、挪用集体资产等违法违纪行为。这些问题不仅损害了农民群众的利益，也影响了农村集体经济的发展和农村社会的稳定。

为满足农村集体经济组织管理人员、基层干部以及相关从业人员的实际工作需求，我们精心编写了本书。本书包括农村集体经济组织"三资"管理概述、农村集体经济组织资金管理、农村集体经济组织资产管理、农村集体经济组织资源管理、农村集体经济组织"三资"管理的监督机制、农村集体经济组织"三资"管理的法律风险防范、农村集体经济组织"三资"管理的数字化建设、农村集体经济组织"三资"管理典型案例等八章内容，力求为读者提供全面、实用的"三资"管理操作指南，助力提升农村集体经济管理水平。

由于编者水平和时间有限,书中难免存在不足之处,欢迎广大读者批评指正。

编 者

2025 年 5 月

目 录

第一章 农村集体经济组织"三资"管理概述 ……… 1
  第一节 基本概念 ……………………………………… 1
  第二节 农村集体经济组织"三资"管理的原则和
          意义 ……………………………………………… 4
  第三节 农村集体经济组织"三资"管理的发展历程
          与现状 ………………………………………… 8

第二章 农村集体经济组织资金管理 ……………… 17
  第一节 农村集体经济组织资金来源与分类 ……… 17
  第二节 农村集体经济组织资金预算管理 ………… 21
  第三节 农村集体经济组织资金收支管理 ………… 27
  第四节 农村集体经济组织资金核算与审计 ……… 33
  第五节 农村集体经济组织财务公开 ……………… 39

第三章 农村集体经济组织资产管理 ……………… 47
  第一节 农村集体经济组织资产的分类 …………… 47
  第二节 农村集体经济组织资产清查与登记 ……… 49
  第三节 农村集体经济组织资产运营与保值增值 … 57
  第四节 农村集体经济组织资产处置 ……………… 61

第四章 农村集体经济组织资源管理 ……………… 66
  第一节 农村集体经济组织资源的分类 …………… 66

第二节　农村集体经济组织资源清查与登记 …… 68
　　第三节　农村集体经济组织资源开发利用 …… 79
　　第四节　农村集体经济组织资源流转 …… 84
　　第五节　农村集体经济组织资源保护与可持续发展 …… 91

第五章　农村集体经济组织"三资"管理的监督机制 …… 100
　　第一节　内部监督体系 …… 100
　　第二节　外部监督机制 …… 108

**第六章　农村集体经济组织"三资"管理的法律风险
　　　　防范** …… 117
　　第一节　农村集体经济组织资金管理的法律风险防范 …… 117
　　第二节　农村集体经济组织资产管理的法律风险防范 …… 121
　　第三节　农村集体经济组织资源管理的法律风险防范 …… 124

**第七章　农村集体经济组织"三资"管理的数字化
　　　　建设** …… 127
　　第一节　"三资"管理数字化平台的构建 …… 127
　　第二节　数字化管理的实施与应用 …… 131
　　第三节　数字化人才培养与技术支持 …… 136

附录　中华人民共和国农村集体经济组织法 …… 142

参考文献 …… 165

第一章　农村集体经济组织"三资"管理概述

第一节　基本概念

一、农村集体经济组织的概念

农村集体经济组织是农村经济发展的重要主体，在推动乡村振兴、实现共同富裕进程中扮演着关键角色。2024年6月28日，第十四届全国人民代表大会常务委员会第十次会议通过的《中华人民共和国农村集体经济组织法》指出，农村集体经济组织是指以土地集体所有为基础，依法代表成员集体行使所有权，实行家庭承包经营为基础、统分结合双层经营体制的区域性经济组织，包括乡镇级农村集体经济组织、村级农村集体经济组织、组级农村集体经济组织。

农村集体经济组织依法代表成员集体行使所有权，具有下列职能：①发包农村土地；②办理农村宅基地申请、使用事项；③合理开发利用和保护耕地、林地、草地等土地资源并进行监督；④使用集体经营性建设用地或者通过出让、出租等方式交由单位、个人使用；⑤组织开展集体财产经营、管理；⑥决定集体出资的企业所有权变动；⑦分配、使用集体收益；⑧分配、使用集体土地被征收征用的土地补偿费等；⑨为成员的生产经营提供技术、信息等服务;⑩支持和配合村民委员会在村党组织领导下开展村民自治;⑪支持农村其他经济组织、社会组织依法发挥作用;⑫法律法规和农村集体经济组织章程规定的其他职能。

县级以上地方人民政府农业农村主管部门负责本行政区域内农村集体经济组织的登记管理、运行监督指导以及承包地、宅基地等集体财产管理和产权流转交易等的监督指导。县级以上地方人民政府其他有关部门在各自职责范围内负责有关的工作。

> **【相关链接】**
> **农村集体经济组织规范运行的要求**
> 健全农村集体经济组织法人治理机制,完善成员(代表)大会制度,健全理事会、监事会等机构;制定规范章程,明确机构职能、成员管理、集体资产经营和财务管理等事项。规范外部标识牌,公开章程制度,确保成员知情权、参与权、表达权、监督权落到实处。

二、农村集体经济组织"三资"的概念

农村集体经济组织"三资"是指农村集体经济组织依法所有的资金、资产、资源。

(一) 农村集体经济组织资金

农村集体经济组织资金是指农村集体经济组织所有的货币资金,包含现金、银行存款和其他货币资金。具体包括农村集体经济组织原有积累,集体经济组织的经营、发包、租赁、资产性处置等形成的资金;拨付的上级转移支付资金、补助、补偿资金,上级拨入的各类专项资金,扶贫救灾款,各单位帮扶、社会捐赠等,以及土地征占费等各项资金。

（二）农村集体经济组织资产

农村集体经济组织资产是指农村集体经济组织投资兴建的房屋、建筑物、机器、设备等固定资产，水利、交通、文化、教育等基础公益设施以及农业资产、材料物资、各种长短期投资、无形资产等其他资产。

（三）农村集体经济组织资源

农村集体经济组织资源是指法律法规规定，属于农村集体经济组织所有的土地、林地、山岭、草地、荒地、滩涂、水面等自然资源。

农村集体经济组织"三资"是农村集体经济组织成员长期劳动积累和入股形成的共有财富。农村集体经济组织"三资"属于集体性质，归该集体经济组织全体成员共同所有，受法律保护，任何单位和个人不得侵占、平调和挪用。

【相关链接】

农村集体经济组织成员的认定

之前，在我国不少省区市的农村地区，对于农村集体经济组织成员的身份认定通常依赖一个评判标准，即户口是否在本村。

直到2024年6月28日，《中华人民共和国农村集体经济组织法》出台，"农村集体经济组织成员"这一概念得以正式细化明确。其中，第十一条规定，户籍在或者曾经在农村集体经济组织并与农村集体经济组织形成稳定的权利义务关系，以农村集体经济组织成员集体所有的土地等财产为基本生活保障的居民，为农村集体经济组织成员。

从法治角度来说，户籍关系、权利义务关系和基本生活保障，这三个方面成为"农村经济组织成员"身份认定缺一不可的考量因素。

> 该法规定，对因成员生育而增加的人员，农村集体经济组织应当确认为农村集体经济组织成员；对因成员结婚、收养或者因政策性移民而增加的人员，农村集体经济组织一般应当确认为农村集体经济组织成员。
>
> 该法还强调，省、自治区、直辖市人民代表大会及其常务委员会可以根据本法，结合本行政区域实际情况，对农村集体经济组织的成员确认作出具体规定。

第二节 农村集体经济组织"三资"管理的原则和意义

一、农村集体经济组织"三资"管理的原则

（一）坚持依法监管原则

农村集体经济组织"三资"管理工作必须牢牢扎根于法律框架内。各级农村集体经济组织"三资"管理部门作为监管主体，须严格依据《中华人民共和国农业法》《中华人民共和国农村土地承包法》《农村集体经济组织财务制度》等相关法律法规，对农村集体财产管理工作开展全方位、多层次的指导、监督与检查。从资金的收支审批，到资产的购置、处置，再到资源的开发利用，每一个环节都要有法可依、有章可循。各农村集体经济组织则要主动承担起依法经营管理农村集体资产的责任，规范自身行为，杜绝任何违法违规操作，确保集体资产的安全与完整，维护农村经济秩序的稳定。

（二）坚持公开透明原则

公开透明是保障农村集体经济组织"三资"管理公信力的关键。集体"三资"的使用和收益情况，应毫无保留地向全体成员公开，确保每一笔资金的流向、每一项资产的变动、每一处

资源的开发都置于阳光之下。在资产和资源的承包、租赁、出让等重要环节，必须严格按照相关规定，在农村产权交易平台、资产处置公示渠道（如村务公务、官方网站）等公开，采取招投标或公开竞价等公平、公正、公开的方式组织实施。通过公开的信息发布、规范的操作流程，吸引更多市场主体参与竞争，避免暗箱操作和利益输送，实现集体资产资源价值的最大化，同时也让每一位成员都能清楚了解集体财产的运营状况，增强对集体经济组织的信任。

（三）坚持民主监督原则

充分尊重农村集体经济组织的主体地位，将民主理念贯穿于"三资"管理的全过程。在决策环节，涉及"三资"重大事项时，应广泛征求成员意见，通过村民会议、村民代表会议等民主形式进行决策，确保决策的科学性和合理性；在管理过程中，鼓励成员积极参与，提出建设性意见和建议；在监督方面，建立健全民主监督机制，保障集体经济组织成员对集体经济业务的知情权、决策权、管理权、收益权和监督权。通过民主监督，及时发现和纠正"三资"管理中存在的问题，维护农村集体经济组织及其成员的合法权益，激发成员参与集体经济发展的积极性和主动性。

（四）坚持科学管理原则

随着时代发展和农村经济的变化，"三资"管理也需要与时俱进，采用科学的管理方法和手段。一方面，要健全和创新"三资"管理和运营机制，构建起系统化、规范化、信息化、专业化的管理体系。通过建立完善的财务管理制度、资产台账管理制度、资源登记管理制度等，实现对"三资"的精细化管理；利用现代信息技术，搭建农村集体经济组织"三资"管理信息平台，实现数据的实时更新和共享，提高管理效率和透明度。另一方面，要积极创新集体财产运营模式，引入先进的经营理念和管理经验，探索多元化的发展路径，提升财产运营效率，增加集体收益，为农村集体经济的可持续发展注入新动力。

（五）坚持成员受益原则

农村集体经济组织"三资"管理的最终目标是让广大农民群众受益。这就要深入研究和遵循"三资"管理的规律和特点，根据不同地区、不同资源禀赋和发展需求，采取差异化的经营模式和管理方式。通过科学合理的经营管理，降低成本、提高效益，确保集体财产的安全和保值增值。随着集体经济的不断壮大，要建立健全收益分配机制，让农民群众能够切实享受到集体经济发展带来的红利，增加收入、改善生活，提升获得感和幸福感，为实现共同富裕奠定坚实基础。

二、农村集体经济组织"三资"管理的意义

（一）夯实农村经济发展基础，激活乡村振兴动能

农村集体资金、资产和资源是农村经济发展的核心要素。科学有效的"三资"管理，能够对分散的资金进行合理整合，优化资产配置，深度挖掘资源潜力。通过盘活闲置资产，将沉睡的资源转化为发展资本，例如把废弃的厂房改造为特色农产品加工车间，或是将闲置的土地流转用于发展规模种植、乡村旅游等产业，从而为农村经济发展注入新活力。同时，合理调配资金，加大对农村基础设施建设、农业产业升级的投入，改善农村生产生活条件，吸引更多人才、资金、技术等要素向农村汇聚，为乡村振兴战略的实施筑牢经济根基，推动农村产业兴旺，实现农村经济的可持续发展。

（二）保障农民合法权益，促进社会和谐稳定

"三资"与农民群众的切身利益紧密相连。规范的"三资"

管理，通过坚持公开透明、民主监督等原则，确保集体资产资源的使用、收益分配等环节公开公正，让农民充分享有知情权、参与权和监督权。农民能够清楚了解集体财产的运营状况，参与重大事项决策，避免因"三资"管理不规范引发的矛盾纠纷。当农民的合法权益得到切实保障，他们对集体经济组织的信任度和认同感会显著提升，减少因利益分配不均、资产处置不公等问题产生的上访事件和社会不稳定因素，营造和谐稳定的农村社会环境，促进农村社会的长治久安。

(三) 提升农村治理水平，完善基层管理体系

农村集体经济组织"三资"管理是农村基层治理的重要内容。加强"三资"管理，要求建立健全一系列管理制度，包括财务管理制度、资产管理制度、资源管理制度等，这些制度的完善有助于规范农村集体经济组织的运行，提升农村治理的规范化、制度化水平。在"三资"管理过程中，坚持民主决策、民主管理，能够充分调动农民参与农村事务管理的积极性，增强农民的主人翁意识，推动农村基层民主建设。同时，通过信息化管理手段的应用，实现"三资"数据的实时监控和动态管理，提高管理效率，也为农村基层管理提供了科学依据，进一步完善农村基层管理体系，提升农村治理能力现代化水平。

(四) 推动农村共同富裕，实现公平正义目标

农村集体经济组织"三资"管理的优化，能够有效增加集体收入。通过合理经营资产资源，提高资产运营效率，获取更多的经济收益。这些收益可以用于农村公共服务的改善，如建设农村文化设施、完善医疗卫生服务、发展农村教育等，提升农村居民的生活质量。同时，在收益分配过程中，遵循公平合理的原则，让全体农民共享集体经济发展成果，缩小贫富差距，防止两极分化，推动农村实现共同富裕。从长远来看，这有助于维护社

会公平正义，体现社会主义制度的优越性，让广大农民在乡村振兴的道路上一个都不掉队，共同迈向幸福美好的生活。

第三节 农村集体经济组织"三资"管理的发展历程与现状

一、农村集体经济组织"三资"管理的发展历程

（一）传统计划经济时期的萌芽阶段（1949—1978年）

中华人民共和国成立初期，我国农村通过土地改革实现了农民"耕者有其田"的目标。然而，为了提高农业生产效率，抵御自然灾害和市场风险，从互助组到初级社、高级社，再到人民公社，农村集体经济组织逐步走向集体化道路。在这一时期，农村集体资产开始形成并不断积累，土地、农具、牲畜等生产资料被纳入集体统一管理范畴，农村集体经济组织"三资"管理初步萌芽。

这一阶段的"三资"管理呈现出高度集中统一的特点。人民公社作为农村基层组织，对集体资金、资产和资源进行全面管控，生产计划由上级部门统一制订，物资分配也严格按照计划执行。集体资金主要来源于农业生产收入和国家的部分扶持，资金使用方向和额度由公社统一调配；集体资产包括农业生产工具、仓库、水利设施等，实行统一保管、统一使用；集体资源以土地为主，按照集体统一安排进行耕种和经营。这种管理模式在当时的历史条件下，对于集中力量发展农业生产、改善农村基础设施、保障农民基本生活需求发挥了重要作用，但也存在管理效率低下、农民生产积极性不高的问题。

（二）改革开放后的探索阶段（1978—2000年）

1978年，家庭联产承包责任制在农村拉开序幕，这一制度

第一章 农村集体经济组织"三资"管理概述

变革打破了传统的集体统一经营模式，赋予了农民生产经营自主权。随着农村经济体制改革的推进，农村集体经济组织"三资"管理面临新的挑战和机遇，进入了探索发展阶段。

在资金管理方面，随着农村经济的多元化发展，集体资金来源渠道逐渐增多，除了农业生产收入外，乡镇企业发展带来的利润、农村个体工商户的税费等也成为集体资金的重要组成部分。同时，资金使用也更加灵活，部分资金开始投向农村基础设施建设、教育、医疗等领域，以改善农村生产生活条件。然而，由于缺乏规范的管理制度，资金管理出现了诸多问题，如账目不清、坐收坐支、挪用资金等现象时有发生。

【相关链接】

坐收坐支的违规表现形式

坐收坐支是指农村集体经济组织未将取得的收入按规定存入指定银行账户，直接用于支出或挪作他用的行为。其核心是违反"收支两条线"管理制度，逃避财务监管，导致资金流转脱离规范程序。

坐收坐支的违规表现形式有三种：一是收入不入账，如将集体资产租金、资源发包收入等现金直接用于发放村干部补贴、支付工程款等，未存入集体账户；二是现金直接支出，收取现金后未履行审批程序即用于开支，如用集体资金垫付个人费用、支付未经预算的临时性支出；三是私设"账外账"，通过隐瞒收入或虚列支出，形成"小金库"，用于非公开用途。

在资产管理上，随着家庭联产承包责任制的实施，部分集体资产通过租赁、承包等形式交由农户或个人经营，集体资产的运营方式更加多样化。但在这一过程中，缺乏科学的资产评估和监管机制，导致集体资产流失严重，一些资产被低价租赁或承包，损害了集体利益。

在资源管理方面,土地承包经营权的下放使农村土地资源的管理模式发生了重大变化。虽然土地所有权仍归集体所有,但农民获得了土地的承包经营权,土地资源的配置更加注重市场机制的作用。然而,在土地流转过程中,也出现了一些不规范行为,如土地流转程序不合法、流转价格不合理等问题,影响了农村土地资源的合理利用和农村社会的稳定。

为了解决"三资"管理中出现的问题,各地开始积极探索新的管理模式和方法。一些地区推行了农村财务公开制度,将集体资金的收支情况向村民公开,接受群众监督;还有些地区尝试建立农村集体资产管理机构,对集体资产进行统一管理和运营。这些探索为后续"三资"管理的规范化发展奠定了基础。

(三)蓬勃发展阶段(2001年至今)

1. 制度完善与规范化

进入21世纪,随着我国市场经济体制的不断完善和农村改革的深入推进,农村集体经济组织"三资"管理逐渐走向制度化、规范化。国家相继出台了一系列政策法规,加强对农村"三资"的管理和监督。

2004年,国务院办公厅转发农业部《关于推动农村集体财务管理和监督经常化规范化制度化的意见》,对农村集体财务管理提出了明确要求。此后,各地纷纷响应,结合本地实际情况,制定了具体的实施细则和管理办法。许多地区建立了农村集体"三资"委托代理服务中心,将村集体的资金、资产和资源委托给专门的代理机构进行管理,实现了"村账乡管"或"村账镇管"。这种管理模式通过统一的会计核算、财务审批和监督,有效规范了农村集体资金的收支行为,减少了资金违规使用现象。

在资产管理制度建设方面,各地加强了对集体资产的登记、评估和处置管理。建立了集体资产台账,对集体资产的数量、价值、使用状况等进行详细记录;在资产处置过程中,严格按照规定程序进行公开招标、拍卖或协议转让,确保资产处置的公平、公正、公开,防止集体资产流失。

在资源管理方面,国家进一步完善了农村土地承包经营制度,加强了对农村土地流转的规范和管理。2009年《中华人民共和国农村土地承包经营纠纷调解仲裁法》的颁布,为解决农村土地承包经营纠纷提供了法律依据,保障了农民的土地承包权益。同时,各地积极推进农村土地确权登记颁证工作,明确了农村土地的产权归属,为农村土地资源的合理流转和优化配置创造了条件。

党的十八大以来,我国稳步推进农村集体产权制度改革,2016年《中共中央国务院关于稳步推进农村集体产权制度改革的意见》发布,集体成员身份确认、集体资产清产核资、经营性资产股份合作制改革都是这一阶段重要任务。2021年农村集体产权制度改革阶段性任务基本完成,进入深化改革阶段。2025年正式实施的农村集体经济组织法也是推进农村集体产权制度改革的重要成果。

2. 信息化与创新发展

党的十八大以来,随着信息技术的飞速发展和国家对"三农"工作的高度重视,农村集体经济组织"三资"管理进入了信息化与创新发展的新阶段。

为了提高"三资"管理的效率和透明度,国家大力推进农村集体经济组织"三资"管理信息化建设。通过建立农村集体经济组织"三资"管理信息系统,将集体资金、资产和资源的相关数据进行数字化管理,实现了信息的实时更新和共享。村民可以通过网络、手机App等方式随时查询村集体的财务收支、资产运营和资源分配情况,加强了对"三资"管理的监督。同时,信息化管理系统还可以对"三资"数据进行分析和预警,及时发现管理中存在的问题,为决策提供科学依据。

在管理模式创新方面,各地积极探索符合本地实际的"三资"管理新途径。一些地区引入市场机制,通过成立农村集体资产经营公司、股份合作社等形式,对集体资产进行市场化运营,提高了集体资产的保值增值能力;还有些地区开展了农村集体产权制度改革,将农村集体资产折股量化到村民,赋予农民对集体资产的股份占有、收益、有偿退出及抵押、担保、继承权,明确了农民的产权主体地位,激发了农村集体经济发展的活力。

此外,国家还进一步加强了对农村"三资"管理的监督力度。建立健全了农村集体经济组织"三资"监管体系,加强了纪检、审计、农业等部门之间的协作配合,形成了监督合力。同时,鼓励社会各界参与"三资"管理监督,充分发挥村民监督委员会的作用,保障了农民的知情权、参与权和监督权。

二、农村集体经济组织"三资"管理的现状

(一)取得的成效

1. 管理制度逐步完善

目前,各地普遍建立了较为完善的农村集体经济组织"三资"管理制度体系。在资金管理方面,实行村账乡代理、会计委托代理等制度,规范了村级财务收支审批、报账流程,加强了财务监督。例如,一些地方规定村级重大开支必须经过村民代表大会讨论通过,并报乡镇审核备案,有效防止了村干部滥用职权、违规开支等问题。在资产管理方面,建立了资产登记、保管、使用、处置等制度,定期对集体资产进行清查盘点,确保资产账实相符。对于资产的处置,严格按照规定程序进行公开招标、拍卖

等,防止资产流失。在资源管理方面,加强了对土地、山林、水面等资源的登记、发证和监管,规范了资源流转程序,保障了农民群众的合法权益。

> 【相关链接】
>
> **农村集体经济组织对会计岗位设置的要求**
>
> 农村集体经济组织要设置一名会计人员(报账员),并保持相对稳定,一般不随村党组织、村民委员会换届选举而变动。会计人员(报账员)负责编制预算和收益分配方案、收集整理集体收支票据、保管现金和部分财务印鉴、定期向农村会计委托代理服务中心报账等工作。

2. 管理方式不断创新

随着信息化技术的广泛应用,农村"三资"管理方式发生了巨大变革。越来越多的地区采用信息化管理系统,实现了"三资"数据的动态管理和实时监控。同时,各地还积极探索新的管理模式,如农村集体资产股份制改革、农村集体资产市场化运营等,提高了"三资"管理的效率和效益,促进了农村集体经济的发展。

3. 管理透明度显著提高

农村财务公开、村务公开制度的全面推行,以及"三资"管理信息化建设,使得农村集体经济组织"三资"管理的透明度大大提高。村民可以通过多种渠道了解村集体的财务收支、资产运营和资源分配情况,对"三资"管理的监督更加有效,增强了村民对村集体的信任,促进了农村社会的和谐稳定。

4. 集体资产保值增值能力增强

通过规范管理和创新运营模式,农村集体资产的保值增值能力得到明显提升。许多地区通过盘活闲置资产、发展农村产业等方式，提高了集体资产的利用效率，增加了集体收入。例如，一些地方将闲置的村办企业厂房改造为电商创业基地，吸引企业入驻，不仅增加了集体租金收入，还带动了当地就业和经济发展。

(二) 存在的问题

1. 农村集体经济组织"三资"管理的复杂性突出

在产权和管理主体方面，理论上农村集体经济组织"三资"归全体成员所有，由农村集体经济组织代行所有权，但实际情况更为复杂。资金管理通常由行政村负责，却多由乡镇代管；资产所有权主体因建设目标和投资来源不同，涉及行政村和村民小组，且资产主要集中于行政村；资源管理中，村民小组虽为核心权属主体，但因治理能力有限，承包经营为主，新经营模式不断涌现。就管理对象而言，农村集体经济组织"三资"历经历史沉淀与制度变革，结构复杂。资产经营形式多样，经营性财产需兼顾增值与风险防控，非经营性财产维护具有外部性，资金类财产面临保值增值与合规使用双重挑战，需分类制定动态管理策略。

2. 法治化和规范化管理相对滞后

首先，涉农法律体系庞杂且基层适配性较为不足，法律文本规定与农民法治认知之间存在差异。新型土地利用方式引发的权属认定问题缺乏明确的法律指引，呈现法律与基层实践脱节问题。其次，部分农村地区集体财产管理制度不完善，导致资产管理较为混乱。尽管政策层面持续强化制度供给，但个别地区仍存在历史遗留问题导致权属争议。最后，部分农村未登记资产形成管理盲区，缺乏覆盖资产变更的监测体系，导致账面数据与实物资产脱节。

3. 资源开发和资产利用效率不高

一些农村资源资产存在"开发失序"和"利用低效"等问

题。一方面,农村资源开发缺乏统一规划,监管不力导致不法分子为谋求私利,过度开发或破坏资源,如部分农村地区存在"卖土""盗土"等行为,使土地等资源利用无序和失范;另一方面,一些农村存在资源不能有效转化为经济效益的情况。在自然资源开发利用层面,受制于技术不足和产业链条较短,未能充分利用资源,导致资源利用效率较为低下。在经营性资产管理方面,存在经营性固定资产闲置问题,如集体建设用地闲置率较高、扶贫车间等新型经营资产空置周期较长、农业设施收益率不足等。

4. **资产运营风险防范能力不足**

主要表现为农村集体资产运营风险管控存在缺陷。在资产运营过程中,基层干部风险识别与资产规模扩张容易形成错位。在投资过程中未建立经营性项目风险评估模型,个别村干部对风险评估过于乐观,或者只看重眼前利益和短期收益,或者缺乏对潜在风险的深入认识和充分预见。这种风险认知的缺失,使其难以及时采取有效措施进行防范。例如,一些乡村盲目跟风发展旅游业,模仿其他地区成功案例,造成资源浪费、环境破坏和社会矛盾加剧。此外,资产价值维护环节容易出现"高价折损"问题。个别地区农村经营性资产年维护资金投入不足,导致农机设备技术性贬值,或因管理不善使资产被侵占或低价处置。

5. **管理主体与监督机制不完善**

首先,个别地区农村集体资产管理呈现"真空"特征,整体上农村集体经济组织并没有实体化,而农村自治组织缺乏完整产权人资格,导致农村集体经济组织"三资"管理出现非正规、水平较低、差异性较大等问题。其次,农村集体经济组织"三资"管理数字化水平较低,部分农村地区网络基础设施尚不完善,缺乏专业的技术管理人才,导致系统建设和维护较为困难。

再次，尽管各地普遍实行"村财乡管"，但乡管负责的是收支出纳，存在"暗箱操作"的风险。最后，部分农村地区集体财产信息公开程度不高，农民对集体财产状况了解不足，难以充分发挥群众监督作用。例如，一些村干部在村民未知的情况下倒卖土地、森林等资源，损害村集体和村民利益。

第二章 农村集体经济组织资金管理

第一节 农村集体经济组织资金来源与分类

一、农村集体经济组织资金来源

（一）农业生产经营收入

农业生产经营收入是农村集体经济组织资金的基础来源。依托集体所有的土地、山林、水域等自然资源，组织开展粮食作物、经济作物种植，以及畜禽养殖、水产养殖等活动。通过农产品销售，将农业生产成果转化为货币收入，涵盖粮食、蔬菜、水果、畜禽产品、水产品等各类农产品销售所得。

（二）农村集体资产经营收入

农村集体资产经营收入源于对集体固定资产、流动资产和无形资产的运营。固定资产方面，通过厂房、仓库、设备等建筑物及设施的出租、承包获取收益；资源性资产如土地、山林、水域等，以承包、租赁方式开发利用产生收入。流动资产可通过资金合理投资、理财或合规借贷业务获取利息和投资收益。无形资产则通过品牌、商标、专利技术的转让、授权使用实现价值转化。

（三）财政补助资金

财政补助资金是国家支持农村发展的重要资金注入。包括农业生产补贴，如种粮直补、农资综合补贴、农机购置补贴等，旨在保障农业生产；农村基础设施建设补助，用于道路、水利、电力、通信等基础设施建设；农村社会事业发展补助，支持农村教育、医疗、文化等公共服务事业建设，提升农村公共服务水平。

（四）其他收入

其他收入包含捐赠收入、利息收入、罚没收入等多种补充性资金来源。捐赠收入来自企业、个人或社会组织为支持农村发展的无偿捐赠；利息收入源于银行存款产生的利息；罚没收入是农村集体经济组织依据规定对违规行为进行处罚所获得的资金，需按程序上缴财政。

二、农村集体经济组织资金分类

（一）按资金性质分类

1. 经营性资金

经营性资金是农村集体经济组织用于生产经营活动的资金，主要来源于农业生产经营收入、农村集体资产经营收入等。这类资金使用目的是实现资产的保值增值，提高农村集体经济组织的经济效益。经营性资金主要用于农业生产资料的购置、农产品的加工和销售、集体资产的运营和维护等方面。例如，农村集体经济组织用经营性资金投资建设农产品加工厂，对农产品进行深加工，提高农产品的附加值；对出租的厂房进行维修和改造，提高厂房的租赁价值等。

2. 非经营性资金

非经营性资金主要用于农村集体经济组织的公共服务和社会事业发展，如农村基础设施建设、教育、医疗、文化等方面。这类资金主要来源于财政补助资金、捐赠收入等。非经营性资金的使用目的是改善农村生产生活条件，提高农民的生活质量和幸福感。例如，利用非经营性资金修建农村道路、桥梁，改善农村交通条件；建设农村学校、医院、文化广场等公共设施，为村民提供更好的教育、医疗和文化服务；开展农村环境整治，改善农村生态环境等。

(二) 按资金来源渠道分类

1. 自有资金

自有资金是农村集体经济组织通过自身生产经营活动积累的资金，主要包括农业生产经营收入、农村集体资产经营收入等。自有资金的规模和增长速度反映了农村集体经济组织的经济实力和发展潜力。自有资金的使用相对灵活，农村集体经济组织可以根据自身发展需要，自主决定资金的投向和使用方式。例如，农村集体经济组织可以用自有资金扩大农业生产规模、投资新的产业项目、改善集体资产的运营条件等。

2. 借入资金

借入资金是农村集体经济组织为了满足生产经营或发展需要，从外部借入的资金。借入资金的来源渠道主要包括银行贷款、向其他单位或个人借款等。借入资金可以在一定程度上缓解农村集体经济组织资金短缺的问题，但同时也增加了组织的债务负担和财务风险。农村集体经济组织在借入资金时，必须合理规划资金用途，确保资金能够按时偿还。例如，农村集体经济组织为了建设农产品加工项目，向银行申请贷款；为了周转资金，向其他企业或个人借款等。在使用借入资金时，要严格按照借款合同约定的用途使用资金，加强资金管理，提高资金使用效率，确保能够按时足额偿还借款本息。

3. 财政性资金

财政性资金是指国家为支持农村经济社会发展而向农村集体经济组织投入的资金，主要包括财政补助资金、专项拨款等。财政性资金具有政策性强、专款专用等特点。农村集体经济组织在使用财政性资金时，必须严格按照国家规定的用途和程序使用，确保资金使用的合规性和有效性。例如，农村集体经济组织获得的农村基础设施建设补助资金，只能用于农村道路、水利、电力等基础设施建设项目；获得的农村社会事业发展补助资金，只能用于农村教育、医疗、文化等社会事业发展项目。同时，农村集体经济组织要加强对财政性资金的管理和监督，建立健全资金管理制度，确保资金使用安全、规范、高效。

（三）按资金使用期限分类

1. 短期资金

短期资金是指使用期限在一年以内的资金。这类资金主要用于满足农村集体经济组织短期生产经营活动的资金需求，如购买农业生产资料、支付农产品收购费用、发放短期工资等。短期资金的特点是周转速度快、流动性强。农村集体经济组织在管理短期资金时，要注重资金的合理安排和使用效率，确保资金能够及时满足生产经营活动的需要，同时避免资金闲置浪费。例如，在农作物种植季节，农村集体经济组织需要大量资金购买种子、化肥、农药等生产资料，这些资金的使用期限较短，属于短期资金。通过合理安排短期资金，确保农业生产活动的顺利进行，在农产品收获销售后，及时收回资金，实现资金的循环利用。

2. 长期资金

长期资金是指使用期限在一年以上的资金。长期资金主要用于农村集体经济组织的长期发展项目，如固定资产投资、农业产业升级、农村基础设施建设等。长期资金的特点是投资金额大、回收周期长、风险相对较高。农村集体经济组织在使用长期资金时，要进行充分的可行性研究和风险评估，制订科学合理的投资计划，确保资金的安全和有效使用。在投资建设前，要对市场需求、技术可行性、经济效益等进行全面分析和评估，确保项目具有可行性和盈利能力，避免因盲目投资导致资金损失。同时，要合理安排长期资金的来源，如通过银行长期贷款、吸引社会投资等方式筹集资金，确保资金能够满足项目建设和运营的需要。

第二节 农村集体经济组织资金预算管理

一、农村集体经济组织资金预算管理的意义

农村集体经济组织资金预算管理是对资金收支进行全面规划、控制和监督的重要手段，在规范资金使用行为、优化资源配置、防范财务风险、提高决策科学性等方面具有重要意义。

(一) 规范资金使用行为

资金预算管理通过预先设定资金收支计划，明确各项资金的用途和额度，为农村集体经济组织的资金使用提供了具体规范。它能够有效避免资金使用的随意性和盲目性，防止出现资金挪用、滥用等违规行为，使资金使用更加符合农村集体经济发展的实际需求和村民的利益。

(二) 优化资金配置

农村集体经济组织的资金是有限的，通过资金预算管理，可以对资金进行统筹安排，将有限的资金集中投入重点项目和关键领域。根据农村经济发展规划和实际需求，合理分配资金用于农业生产、产业发展、公共服务等方面，提高资金的使用效率，实现资金的优化配置。

(三) 防范财务风险

资金预算管理能够帮助农村集体经济组织提前预测资金收支情况，及时发现潜在的财务风险。通过对资金流入和流出的分析，合理安排资金的筹集和使用，避免出现资金短缺或资金闲置

的情况，确保资金链的稳定。同时，预算管理还可以对可能出现的债务风险进行预警，制定相应的应对措施，降低财务风险对农村集体经济组织的影响。

（四）提高决策科学性

资金预算管理为农村集体经济组织的决策提供了重要依据。预算编制过程中，需要对农村经济发展的现状和趋势进行分析，结合实际情况制订合理的资金收支计划。这些数据和信息能够帮助管理者了解农村集体经济的运行状况，发现存在的问题和潜在的发展机遇，从而做出更加科学合理的决策。

二、农村集体经济组织资金预算管理的内容

（一）收入预算

收入预算是对农村集体经济组织在一定时期内可能取得的各项收入进行预测和规划。其主要包括农业生产经营收入、农村集体资产经营收入、财政补助资金收入及其他收入等。

在编制农业生产经营收入预算时，需要综合考虑农产品的种植面积、产量、市场价格等因素。根据以往的生产经验和市场行情，对粮食作物、经济作物、畜禽养殖、水产养殖等各类农产品的销售收入进行合理预测。同时，还要考虑自然灾害、市场波动等不确定因素对收入的影响，预留一定的风险准备金。

农村集体资产经营收入预算要依据集体资产的规模、运营状况和市场行情进行编制。对于固定资产出租收入，要考虑出租资产的数量、租金标准和租赁期限；对于资源性资产承包收入，要根据资源的数量、质量和承包价格进行估算。此外，还要对资产的维护和管理费用进行合理预估，确保收入预算的准确性。

财政补助资金收入预算要根据国家和地方的相关政策，结合农村集体经济组织的实际情况进行编制。了解各项财政补助资金的申报条件、额度和发放时间,及时申报符合条件的项目,争取获得更多的财政支持。同时,要对财政补助资金的使用方向进行规划,确保资金能够用于农村集体经济发展的关键领域。

其他收入预算包括捐赠收入、利息收入、罚没收入等。对于捐赠收入,要根据以往的捐赠情况和社会捐赠意向进行预测;利息收入则要根据银行存款的金额和利率进行计算;罚没收入要按照相关规定和以往的执法情况进行估算。

(二) 支出预算

支出预算是对农村集体经济组织在一定时期内各项资金支出的安排和规划。主要包括农业生产支出、农村基础设施建设支出、公共服务支出、管理费用支出以及债务偿还支出等。

农业生产支出预算包括种子、化肥、农药、农机具购置与维修、灌溉用水用电等费用。根据农业生产计划和实际需求,合理确定各项支出的金额。同时,要关注农业生产资料价格的波动情况,及时调整预算,确保农业生产的顺利进行。

农村基础设施建设支出预算要根据农村发展规划和实际需求,对道路建设、水利设施建设、电力设施改造、通信网络建设等项目的资金需求进行测算。在编制预算时,要充分考虑项目的规模、建设标准和施工周期,合理安排资金的使用进度,避免出现资金浪费或资金短缺的情况。

公共服务支出预算包括农村教育、医疗、文化、养老等方面的支出。在教育方面,要考虑学校建设、教学设备购置、教师培训等费用;在医疗方面,要安排卫生室建设、医疗设备购置、乡村医生培训等资金;在文化方面,要预算文化设施建设、文化活动开展等费用;在养老方面,要考虑养老院建设、养老服务提供等支出。

管理费用支出预算主要包括村干部工资、办公费用、差旅费、会议费等。要根据农村集体经济组织的规模和管理需求，合理确定管理费用的支出标准，严格控制费用支出，提高资金使用效率。

债务偿还支出预算要根据农村集体经济组织的债务情况，明确债务的偿还期限和金额。按照债务合同的约定，合理安排偿债资金，确保按时足额偿还债务，维护农村集体经济组织的信用。

(三) 现金流量预算

现金流量预算是对农村集体经济组织在一定时期内现金流入和流出情况的预测和规划。它能够反映资金的实际流动情况，帮助管理者了解资金的周转状况，确保资金的正常运转。现金流量预算主要包括经营活动现金流量、投资活动现金流量和筹资活动现金流量。

经营活动现金流量主要涉及农业生产经营、农村集体资产经营等活动产生的现金流入和流出。如农产品销售收到的现金、购买农业生产资料支付的现金、资产出租收到的租金等。通过对经营活动现金流量的预算，能够掌握农村集体经济组织日常经营活动的资金收支情况，合理安排资金，保证经营活动的顺利进行。

投资活动现金流量主要包括固定资产购置、产业项目投资等活动产生的现金流入和流出。如购买农机具支付的现金、投资建设农产品加工厂收到的收益等。投资活动现金流量预算有助于管理者合理规划投资项目，确保投资活动的资金需求得到满足，同时提高投资收益。

筹资活动现金流量主要涉及银行贷款、借款、财政拨款等资金的筹集和偿还产生的现金流入和流出。如取得银行贷款收到的现金、偿还债务支付的现金等。通过对筹资活动现金流量的预算，能够合理安排资金的筹集和使用，降低财务风险。

三、农村集体经济组织资金预算的编制

（一）准备阶段

在编制预算前，农村集体经济组织要做好充分的准备工作。收集和整理相关资料，包括上年度的财务报表、生产经营计划、资产清查报告、国家和地方的相关政策文件等。同时，要对农村经济发展的现状和趋势进行分析，了解市场行情和政策变化，为预算编制提供依据。

（二）编制草案阶段

根据准备阶段收集的资料和分析结果，按照预算编制原则和内容，由农村集体经济组织的财务人员或预算编制小组负责编制资金预算草案。在编制过程中，要充分征求村干部、村民代表和相关部门的意见，确保预算草案的合理性和可行性。

（三）审议阶段

预算草案编制完成后，要提交给农村集体经济组织成员大会或成员代表大会进行审议。在审议过程中，要对预算草案的各项内容进行详细说明，解答成员的疑问。成员大会或成员代表大会要对预算草案进行认真讨论和表决，提出修改意见和建议。

（四）修改完善阶段

根据成员大会或成员代表大会的审议意见，对预算草案进行修改和完善。修改后的预算方案要再次提交成员大会或成员代表大会进行审议，直至获得通过。

（五）审批下达阶段

预算方案经成员大会或成员代表大会通过后，要报上级主管部门审批。上级主管部门对预算方案进行审核，提出审批意见。审批通过后，农村集体经济组织要将预算方案及时下达执行，并将预算情况向全体成员进行公开，接受群众监督。

四、农村集体经济组织资金预算的执行与调整

（一）预算执行

预算执行是资金预算管理的关键环节。农村集体经济组织要严格按照批准的预算方案组织实施，确保各项收入和支出按照预算计划进行。

在收入执行方面，要积极组织各项收入，确保收入及时足额入账。对于农业生产经营收入，要加强农产品的销售管理，及时与收购企业或经销商签订销售合同，确保销售收入按时收回；对于农村集体资产经营收入，要加强资产的运营管理，及时收取租金和承包费用；对于财政补助资金收入，要按照规定的程序及时申报项目，确保资金及时到位。

在支出执行方面，要严格按照预算规定的用途和额度使用资金，不得擅自改变资金用途或超预算支出。各项支出要严格履行审批手续，做到支出有计划、有审批、有凭证。对于重大支出项目，要实行集体决策制度，确保资金使用的合理性和安全性。同时，要加强对支出的监督和控制，定期对支出情况进行检查和分析，及时发现和解决支出过程中存在的问题。

（二）预算调整

在预算执行过程中，市场环境变化、政策调整、自然灾害等不可预见因素的影响，可能会导致预算与实际情况出现偏差。当出现这种情况时，农村集体经济组织可以根据实际情况对预算进行调整。

预算调整必须遵循严格的程序。首先，由农村集体经济组织的财务人员或相关部门提出预算调整申请，说明调整的原因、调整的项目和金额等；其次，将预算调整申请提交给农村集体经济组织成员大会或成员代表大会进行审议；审议通过后，报上级主

管部门审批；审批通过后，方可进行预算调整。

预算调整要坚持谨慎性原则，确保调整后的预算方案仍然符合预算编制的原则和要求。调整的幅度和范围要合理，不得随意扩大支出范围或增加支出金额。同时，要对预算调整的情况进行详细记录和说明，接受群众监督和上级部门的审计。

第三节　农村集体经济组织资金收支管理

农村集体经济组织资金收支管理是保障集体资产安全、提高资金使用效率的关键环节，贯穿于农村经济活动的全过程。科学规范的资金收支管理，能够有效防范财务风险，推动农村集体经济健康可持续发展，维护广大农民的切身利益。

一、农村集体经济组织资金收支管理的基本原则

（一）合法性原则

资金收支活动必须严格遵循国家法律法规和相关政策规定。农村集体经济组织在取得收入和发生支出时，要确保各项经济业务符合《中华人民共和国农业法》《农村集体经济组织财务制度》等法律法规要求。收入来源应合法合规，不得通过违规收费、摊派等方式获取资金；支出项目要符合法定的开支范围和标准，严禁用于与集体发展无关的事项，杜绝任何违法违规的收支行为。

（二）透明性原则

资金收支管理需保持高度透明，保障村民的知情权、参与权和监督权。农村集体经济组织应定期将资金收支情况进行公示，公开收支项目、金额、用途等详细信息，接受全体成员监督。通过村务公开栏、网络平台、村民会议等多种渠道，让村民及时了

解资金的来龙去脉,确保资金收支活动在"阳光"下运行。

(三) 效益性原则

在资金收支管理过程中,要注重提高资金使用效益。对于收入资金,应合理规划利用,通过优化资源配置,将资金投入到能够产生最大经济效益和社会效益的项目中;在支出方面,严格控制不必要的开支,优先保障农业生产、基础设施建设、公共服务等重点领域的资金需求,确保每笔资金都能发挥最大效用。

(四) 安全性原则

保障资金安全是资金收支管理的首要任务。农村集体经济组织要建立健全资金安全管理制度,加强对资金收支各个环节的管控,防止资金被挪用、侵占或浪费。严格规范资金存储、保管和使用流程,确保资金安全完整,避免因管理不善导致资金损失。

二、农村集体经济组织资金收入管理

(一) 收入收缴管理

1. 及时入账

各项收入应在取得当日或规定期限内及时入账,严禁坐收坐支。对于农产品销售收入,要在交易完成后及时开具收款凭证,将资金存入指定账户;资产出租、承包收入应按照合同约定的时间和金额及时收缴,确保资金按时到账。

2. 票据管理

收入票据是资金收缴的重要凭证,必须严格管理。农村集体经济组织应使用财政部门统一监制的票据,按照规定的程序领用、开具和核销票据。票据开具要内容真实、项目齐全、字迹清晰,严禁使用自制票据或虚假票据,确保收入来源可追溯。

3. 台账登记

建立健全收入台账,详细记录每笔收入的来源、金额、时间、收款方式等信息。通过台账管理,全面掌握收入动态,便于进行收入分析和监督检查,为资金管理决策提供依据。

【相关链接】

"三资"台账如何管理(节选)

"三资"台账作为农村集体经济组织资金、资产、资源管理的重要工具,实行纸质版与电子版"双轨并行"的管理模式,通过明确职责分工、规范操作流程、强化动态管理,确保台账真实、准确、完整地反映"三资"状况。

1. 职责分工明确化

纸质版台账由村报账员(保管员)负责全流程管理,其作为村级"三资"管理的一线责任人,需承担起台账的登记、保管与调整工作。在日常工作中,村报账员要及时收集资金收支凭证、资产变动资料、资源流转合同等原始凭证,确保资料的完整性与真实性。登记时,严格按照规定的格式和要求,如实记录"三资"的详细信息,包括资金的来源与去向、资产的名称与状态、资源的位置与权属等。保管环节,要配备专门的文件柜或档案盒存放台账,做好防潮、防火、防虫等防护措施,保证台账的安全性。当"三资"情况发生变化时,村报账员需及时进行台账调整,更新相关数据,并留存调整依据。

电子版台账则由乡镇农村会计委托代理中心(三资办)会计负责录入与管理。该会计依托专业的财务管理软件或数字化平台,将村级报送的"三资"信息准确录入系统。在录入过程中,需对数据进行二次核对,确保与纸质版台账一致,避免出现录入错误。同时,利用数字化平台的功能,对"三资"数据进行分类整理、统计分析,生成各类报表和图表,为乡镇政府和相关部门提供决策支持。此外,乡镇会计还要定期对电子版台账进行备份,防止数据丢失,并负责系统的日常维护和升级工作,保障电子版台账的稳定运行。

(二)收入监督检查

1. 内部监督

农村集体经济组织内部应设立专门的监督机构或人员,定期对收入管理情况进行检查。重点检查收入是否及时足额入账、票据使用是否规范、台账记录是否完整等,发现问题及时整改,防止收入管理漏洞。

2. 外部监督

上级主管部门、审计部门等应加强对农村集体经济组织收入的监督检查。通过定期审计、专项检查等方式,核查收入的真实性、合法性和完整性,对违规行为依法依规进行处理,确保收入管理规范有序。

三、农村集体经济组织资金支出管理

(一)支出审批管理

1. 分级审批制度

建立健全资金支出分级审批制度,明确不同金额支出的审批权限和流程。小额支出可由村级负责人直接审批;较大金额支出需经村"两委"集体研究决定;重大支出项目必须提交村民会议或村民代表大会讨论通过,并报上级主管部门备案。通过分级审批,实现对支出的有效控制,防止权力滥用。

2. 审批要件审核

在审批资金支出时,必须严格审核相关要件。包括支出项目的合法性、必要性,支出凭证的真实性、完整性,以及是否符合预算安排等。对于不符合规定的支出申请,审批人员应坚决不予批准,确保每一笔支出都合理合规。

(二)支出流程规范

1. 申请环节

资金支出应由具体使用部门或个人提出申请,填写支出申请单,详细说明支出项目、金额、用途等信息,并附上相关证明材料,如合同、发票、验收报告等。

2. 审核环节

申请提交后,由财务人员对支出申请进行初审,重点审核支出项目是否符合预算、支出凭证是否合规等。初审通过后,按照分级审批制度提交相应的审批人员进行审批。

3. 支付环节

审批通过后,财务人员根据支出申请和审批意见,办理资金支付手续。支付方式应优先采用银行转账,减少现金支付,确保资金流向可追溯。支付完成后,及时进行账务处理,登记相关账目。

(三)支出范围与标准控制

1. 明确支出范围

严格界定资金支出范围,确保资金用于农村集体经济发展和公共服务。主要包括农业生产投入、农村基础设施建设、公共服务支出、管理费用支出以及债务偿还等。严禁将资金用于个人消费、违规招待、非法集资等不合理支出。

2. 规范支出标准

制定各项支出的具体标准,如村干部工资标准、办公费用标准、差旅费标准等。支出标准应根据当地经济发展水平和实际情况合理确定,并严格执行。对于超出标准的支出,必须提供充分的理由并履行特殊审批程序。

四、农村集体经济组织资金收支风险管理

(一) 收入风险防范

1. 市场风险防范

针对农业生产经营收入和资产经营收入受市场波动影响较大的情况,农村集体经济组织应加强市场调研和分析,及时掌握市场动态。通过发展多元化产业、签订长期稳定的销售合同、参加农业保险等方式,降低市场风险对收入的影响。

2. 政策风险防范

密切关注国家和地方政策变化,及时调整经营策略和资金管理方式。对于财政补助资金收入,要严格按照政策要求申报项目,确保资金申请的合规性,避免因政策调整导致收入减少或资金被追回的风险。

(二) 支出风险防范

1. 预算超支风险防范

严格执行资金预算管理制度,加强对支出的预算控制。在支出过程中,定期将实际支出与预算进行对比分析,及时发现超支迹象并采取措施加以控制。对于确需调整预算的项目,必须按照规定程序进行审批,防止随意超支。

2. 资金浪费风险防范

加强对支出项目的成本效益分析,避免盲目投资和重复建设。在项目实施过程中,严格控制各项费用支出,杜绝铺张浪费现象。建立健全项目绩效评价制度,对资金使用效益进行评估,提高资金使用的合理性和有效性。

第四节 农村集体经济组织资金核算与审计

农村集体经济组织资金核算与审计是强化资金管理、保障集体资产安全、提升资金使用效益的重要手段。科学规范的资金核算能够准确反映资金的运行状况,而有效的审计工作则可对资金管理进行监督与评价,二者相辅相成,共同为农村集体经济健康发展筑牢防线。

一、农村集体经济组织资金核算

(一) 核算原则

1. 真实性原则

资金核算需以实际发生的经济业务为依据,如实记录和反映资金的收支、结存情况,确保会计信息真实可靠。无论是资金的收入来源,还是各项支出项目,都应依据合法有效的凭证进行核算,不得虚构、隐瞒经济业务。

2. 准确性原则

严格遵循会计核算规范和方法,精确计算各项资金数据,保证会计科目运用准确、金额记录无误。在进行资金分类、账务处理等环节,要做到严谨细致,避免因计算错误或科目混淆导致核算失真。

3. 及时性原则

及时对资金业务进行账务处理,确保会计信息能够及时反映资金动态。对于资金的收支业务,应在规定时间内完成凭证填制、登记账簿等工作,以便管理者及时掌握资金状况,做出合理决策。

4. 全面性原则

对农村集体经济组织所有资金活动进行全面核算,涵盖农业生产经营、集体资产运营、财政补助收支等各类资金业务，不遗漏任何一项经济业务，完整呈现资金运行全貌。

（二）核算方法

1. 会计科目设置

依据《农村集体经济组织财务制度》，科学设置会计科目，如"现金""银行存款""应收款""应付款""经营收入""经营支出""补助收入"等，清晰分类核算不同性质的资金业务。例如，通过"经营收入"科目核算农业生产经营、资产出租等经营性收入，通过"补助收入"科目核算财政补助资金收入，便于准确归集和分析资金来源与去向。

2. 复式记账法应用

采用借贷记账法进行账务处理，对每一项资金业务都以相等的金额，在两个或两个以上相互联系的会计科目中进行登记，全面反映资金业务的来龙去脉。如收到农产品销售收入时，一方面记录"现金"或"银行存款"科目增加，另一方面记录"经营收入"科目增加，确保账务平衡且逻辑清晰。

3. 成本核算

针对农业生产、资产运营等活动，开展成本核算工作。合理归集和分配各项成本费用，准确计算农产品生产成本、资产运营成本等，为评估经营效益、制定生产经营决策提供依据。例如，在核算粮食种植成本时，将种子、化肥、农药、人工等费用进行归集和分摊，确定单位农产品成本。

【相关链接】

农村集体经济组织会计制度（节选）

第一条 为了规范农村集体经济组织会计工作，加强农村集体经济组织会计核算，根据《中华人民共和国会计法》等有

第二章 农村集体经济组织资金管理

关法律法规，结合农村集体经济组织的实际情况，2023年9月，财政部印发了《农村集体经济组织会计制度》。该制度对农村集体经济组织的会计核算进行了规定。

……

第三条 农村集体经济组织应当根据本制度规定和会计业务需要，设置会计机构，或者在有关机构中设置会计人员并指定会计主管人员，或者按照规定委托代理记账，进行会计核算。

第四条 为适应双层经营的需要，农村集体经济组织实行统一核算和分散核算相结合的两级核算体制。农村集体经济组织发生的经济业务应当按照本制度的规定进行会计核算。农村集体经济组织投资设立的企业等应当按照相关会计准则制度单独核算。

第五条 农村集体经济组织应当按照本制度及附录的相关规定，设置和使用会计科目，填制会计凭证，登记会计账簿，编制财务会计报告。

第六条 农村集体经济组织的会计核算应当以持续经营为前提。

第七条 农村集体经济组织的会计核算应当划分会计期间，分期结算账目和编制财务会计报告。会计年度自公历1月1日起至12月31日止。

第八条 农村集体经济组织的会计核算应当以货币计量，以人民币为记账本位币，"元"为金额单位，"元"以下填至"分"。

第九条 农村集体经济组织的会计核算原则上采用权责发生制，会计记账方法采用借贷记账法。

第十条 农村集体经济组织的会计要素包括资产、负债、所有者权益、收入、费用和收益。

第十一条　农村集体经济组织应当以实际发生的交易或者事项为依据进行会计核算，如实反映其财务状况和经营成果。

第十二条　农村集体经济组织应当按照规定的会计处理方法进行会计核算。会计处理方法前后各期应当保持一致，一经确定不得随意变更。

第十三条　农村集体经济组织应当及时进行会计核算，不得提前或者延后。

第十四条　农村集体经济组织在进行会计核算时应当保持应有的谨慎，不得多计或少计资产、负债、收入、费用。

第十五条　农村集体经济组织提供的会计信息应当清晰明了，便于理解和使用。

第十六条　农村集体经济组织的法定代表人应当对本集体经济组织的会计工作和会计资料的真实性、完整性负责。

(三) 核算流程

1. 凭证填制与审核

经济业务发生后，相关人员需填制原始凭证，如发票、收据、支出审批单等，详细记录业务内容、金额等信息。财务人员对原始凭证进行严格审核，检查凭证的真实性、合法性、完整性，审核通过后，据此填制记账凭证，明确会计科目和记账方向。

2. 登记账簿

根据记账凭证，将资金业务信息登记到相应的账簿中，如现金日记账、银行存款日记账、总分类账和明细分类账等。按照会计科目分类，系统记录资金的增减变动情况，定期进行账簿核对，确保账证相符、账账相符。

3. 编制财务报表

定期（如月度、季度、年度）编制财务报表，包括资产负债表、收支明细表、现金流量表等。通过财务报表，全面反映农村集体经济组织在一定时期内的资金状况、经营成果和现金流量，为管理者、村民及相关部门提供直观的财务信息。

4. 财务分析

对财务报表数据进行深入分析，运用比率分析、趋势分析等方法，评估资金使用效益、财务状况和经营成果。分析资金的收入结构、支出构成，查找资金管理中存在的问题，提出改进建议，为资金管理决策提供参考。

二、农村集体经济组织资金审计

（一）审计内容

1. 资金收入审计

审查资金收入的真实性、完整性和合法性。检查各项收入是否全部入账，有无隐瞒、截留收入的情况；收入来源是否合法合规，是否存在违规收费、摊派等问题；收入票据使用是否规范，票据开具与资金收缴是否一致。

2. 资金支出审计

重点审计资金支出的合理性、合规性和效益性。审核支出项目是否符合规定的开支范围和标准，是否经过适当的审批程序；支出凭证是否真实有效，有无虚假支出、虚报冒领等行为；评估资金使用效益，检查是否实现预期目标，有无资金浪费现象。

3. 资金预算执行审计

检查资金预算的执行情况，对比实际收支与预算安排，分析预算执行差异。审查是否严格按照预算进行资金收支，有无擅自调整预算、超预算支出的情况，评估预算编制的科学性和预算执行的严肃性。

4. 财务核算审计

对资金核算的规范性进行审计，检查会计科目运用是否准确,账务处理是否符合会计制度规定;账簿登记是否及时、完整,账证、账账、账实是否相符;财务报表编制是否真实、准确,能否正确反映资金状况和经营成果。

5. 内部控制审计

评估农村集体经济组织资金管理的内部控制制度是否健全有效。审查资金收支审批、票据管理、岗位设置等内部控制环节是否存在漏洞,是否形成有效的监督制约机制,防范资金管理风险。

(二)审计程序

1. 审计准备阶段

确定审计项目和审计目标,组建审计小组,制定审计方案。审计小组收集与审计项目相关的资料,包括财务报表、会计账簿、凭证、预算文件、合同协议等,了解农村集体经济组织的基本情况和资金管理现状,为审计工作开展做好准备。

2. 审计实施阶段

审计人员依据审计方案,通过查阅资料、实地调查、询问相关人员等方式,对资金核算和管理情况进行全面审查。对发现的问题进行详细记录,收集相关证据,确保审计结论客观、准确。

3. 审计报告阶段

审计小组对审计实施阶段获取的资料和证据进行整理、分析和归纳,撰写审计报告。审计报告应如实反映审计发现的问题,包括问题的性质、产生原因、涉及金额等,并提出针对性的审计建议。审计报告需征求被审计单位意见,被审计单位应在规定时间内反馈意见,审计小组根据反馈意见对报告进行修改完善。

4. 审计整改阶段

被审计单位根据审计报告提出的问题和建议,制订整改方案,明确整改措施、责任人和整改期限,并组织实施整改。审计部门对整改情况进行跟踪检查，确保问题得到有效解决，整改措施落实到位。

(三) 审计主体与监督

1. 内部审计

农村集体经济组织内部设立审计机构或配备审计人员，定期开展内部审计工作。内部审计人员熟悉组织内部情况，能够及时发现资金管理中存在的问题，提出改进建议，加强内部监督和管理。内部审计工作应保持独立性和客观性，确保审计结果真实可靠。

2. 外部审计

由上级主管部门、审计机关或社会审计机构对农村集体经济组织资金进行审计。上级主管部门和审计机关通过定期审计、专项审计等方式，对资金管理进行监督和指导；社会审计机构凭借专业的审计能力和独立的第三方地位，为资金审计提供客观公正的评价。外部审计能够有效弥补内部审计的不足，增强审计的权威性和公信力。

3. 社会监督

鼓励村民、社会公众和媒体对农村集体经济组织资金审计工作进行监督。通过村务公开、设立举报信箱等方式，保障村民的知情权和监督权，及时发现和反映审计工作中存在的问题，形成多方参与的监督合力。

第五节　农村集体经济组织财务公开

一、农村集体经济组织财务公开的重要意义

(一) 保障农民的知情权与监督权

农民作为农村集体经济组织的成员，对集体资产和资金的使

用情况拥有知情权。财务公开能够使农民清晰了解农村集体经济组织的收入来源、支出项目、资产负债状况以及收益分配等信息,确保农民充分掌握集体财务动态。在此基础上,农民能够有效行使监督权,对不合理、不规范的财务行为提出疑问和意见,促使农村集体经济组织规范资金管理,维护自身的合法权益。

(二) 提升资金管理的规范性与透明度

财务公开形成了强大的外部监督压力,促使农村集体经济组织严格遵守财务制度和相关法律法规,规范资金收支流程。从收入的收缴到支出的审批,每一个环节都因公开而更加严谨。公开财务信息能够让资金使用的全过程清晰呈现,减少资金挪用、浪费等违规行为的发生,显著提升资金管理的透明度,确保集体资金安全、合理使用。

(三) 促进农村社会和谐稳定

财务问题往往是农村社会矛盾的焦点之一。当财务信息不公开或公开不及时、不全面时,容易引发农民的猜疑和不满,进而影响农村社会的和谐稳定。全面、准确、及时的财务公开,能够消除农民的疑虑,化解潜在矛盾,增强农民对农村集体经济组织的信任,营造和谐稳定的农村社会环境,为农村经济发展和乡村振兴战略实施奠定坚实基础。

二、农村集体经济组织财务公开的内容

农村集体经济组织财务公开以村民关切为导向,定期披露资金收支、财务状况等重要信息,保障村民知情权与监督权。

(一) 财务预决算

财务预算公开需详细列明年度资金收入与支出计划,包括经营收入、发包及上交收入、补助收入等各项收入来源及金额,以及生产经营支出、管理费用、公益事业支出等各项支出

的预算安排,让村民了解集体资金的预期流向和用途。财务决算公开则如实反映年度财务收支的实际执行情况,对比预算与实际的差异,分析原因,接受村民监督,为下一年度预算编制提供参考。

(二)财务收支

收入方面,公开所有资金进账情况,如集体资产出租收入、资源开发收益、政府补贴资金等,明确收入时间、金额、来源渠道;支出方面,详细披露每一笔资金去向,包括项目建设支出、办公用品采购、人员工资发放等,说明支出事由、金额、审批人等信息,确保每一笔收支都清晰透明,杜绝"糊涂账"。

(三)债权债务

全面公开集体经济组织的债权情况,包括债务人姓名、欠款金额、欠款时间、约定还款期限等,便于村民了解集体资金外借情况;债务公开则涵盖债权人信息、债务金额、产生原因、偿还计划等内容,让村民知晓集体债务规模和风险,监督债务处理进度,避免集体资产因债务问题流失。

(四)资产资源

资产公开涉及固定资产、流动资产等各类资产的详细信息,如资产名称、数量、购置时间、价值、使用状态等,对于重要资产变动,如资产出售、报废、调拨等,需说明决策过程和处置结果;资源公开聚焦土地、林地、水域等资源,包括资源位置、面积、权属、承包租赁情况、开发利用现状等,保障村民对集体资源的知情权,防止资源被非法侵占或不合理开发。

(五)收益分配

明确公开集体收益的形成过程和分配方案,包括可分配收益总额、提取公积公益金比例、向成员分配的金额和方式等。同时,说明收益分配的决策依据和民主程序,确保分配公平公正,让村民清楚自身应得利益，维护成员的合法权益。

（六）其他要求公开事项

除上述常规内容，村民（代表）会议、村级集体经济组织（成员）会议要求公开的事项，如重大项目招投标情况、专项经费使用明细、群众关切的热点财务问题等，均应及时、准确公开。这些个性化公开内容，充分尊重村民意愿，满足村民对特定财务信息的需求，增强财务公开的针对性和实效性。

【相关链接】

农村集体经济组织重大财务事项决策参照执行机制

农村集体经济组织重大财务事项决策参照执行"四议两公开"机制。"四议"是指党支部会议提议、"两委"会议商议、党员大会审议、村民代表会议或村民会议决议。"两公开"指决议公开，实施结果公开。

1. 党支部会议提议

党支部在农村集体经济组织中发挥领导核心作用，是重大财务事项决策的发起者。在提议阶段，党支部需深入调研，广泛听取党员、村民代表和群众意见，全面了解农村集体经济发展需求和实际情况。

2. "两委"会议商议

"两委"会议即村党支部委员会和村民委员会联席会议。党支部将提议方案提交"两委"会议后，"两委"成员围绕方案的可行性、合理性、合法性展开深入讨论。从实际操作层面出发，对方案中的资金预算、实施步骤、风险防控等细节进行分析和完善。商议过程中，充分考虑各方利益诉求，协调不同意见，对提议方案进行修改和优化。

3. 党员大会审议

党员大会审议环节是对"两委"商议后的方案进行进一步把关。党支部向党员大会介绍提议背景、"两委"商议过程及修改情况,党员们依据自身了解的情况和专业知识,从政策落实、群众意愿、集体利益等角度对方案进行审议。党员们可提出意见和建议,对方案存在的问题进行质询,党支部和"两委"成员需进行解答和说明。

4. 村民代表会议或村民会议决议

村民代表会议或村民会议是重大财务事项决策的最终决策环节,体现村民当家作主的权利。若召开村民代表会议,村民代表需提前广泛收集所代表村民的意见和建议,在会议上对方案进行充分讨论和表决;若召开村民会议,则全体村民直接参与决策。

5. 决议公开

决议公开是保障村民知情权的重要环节。在村民代表会议或村民会议形成决议后,需在村务公开栏、村集体活动场所等显著位置,以及村官方网站、微信公众号等线上平台及时公开决议内容。公开内容包括重大财务事项的具体方案、决策过程、表决结果等,确保村民能够全面了解决策情况。

6. 实施结果公开

实施结果公开是对重大财务事项执行情况的全面反馈。在重大财务事项实施完成后,村"两委"需对实施过程中的资金使用情况、项目完成进度、取得的实际效益等进行详细梳理和总结,形成书面报告。将报告在村务公开栏、线上平台等进行公开,公开时间不少于7天。

三、农村集体经济组织财务公开的形式

（一）固定公开栏

设置固定的财务公开栏是农村集体经济组织财务公开的基本形式。公开栏应张贴在村民集中聚居地带、主要交通路口等村民方便阅览的地方，且位置醒目、面积适宜。公开栏的样式可由县级农村经营管理部门统一规定，确保内容排版清晰、易于理解。公开栏应定期更新，保留过往财务公开信息，方便村民对比查看。

（二）网络平台

随着互联网技术的普及，利用网络平台进行财务公开成为趋势。农村集体经济组织可通过政府官方网站、村级微信群、公众号等网络渠道，及时发布财务公开信息。网络平台公开具有信息传播速度快、覆盖范围广、可随时查阅等优点，方便外出务工村民及关注农村发展的社会各界人士了解财务情况。同时，网络平台还可设置互动功能，方便村民对公开内容提出疑问和建议。

（三）"明白纸"

将财务公开内容以纸质"明白纸"的形式发放到农户手中，使村民能够更直观地了解财务信息。"明白纸"的内容应简洁明了、通俗易懂，重点突出村民关心的收入、支出、资产、债权债务等关键信息，并附上解释说明和咨询电话，方便村民咨询。

（四）会议公开

通过召开村民会议、村民代表会议等形式，向村民直接公开财务信息。在会议上，由农村集体经济组织负责人或财务人员详细汇报财务状况，解答村民的疑问，听取村民的意见和建议。会

议公开能够增强村民的参与感,促进村民与农村集体经济组织之间的沟通交流。

(五) 电子触摸屏

在农村社区服务中心、村委会等场所设置电子触摸屏,方便村民自助查询财务公开信息。电子触摸屏可存储丰富的财务数据,村民可根据需求自主查询不同时期、不同项目的财务信息,且操作便捷,具有良好的互动性。

四、农村集体经济组织财务公开的时间

2024年印发的《中华人民共和国农村集体经济组织法》第四十五条规定,农村集体经济组织应当定期将财务情况向农村集体经济组织成员公布。集体财产使用管理情况、涉及农村集体经济组织及其成员利益的重大事项应当及时公布。

(一) 定期公开

1. 季度公开

农村集体经济组织财务至少每季度公开一次,公开内容涵盖季度内的财务收支、资产变动、债权债务等情况。对于财务往来较少、业务相对简单的农村集体经济组织,季度公开能够满足村民对财务信息的基本了解需求。

2. 月度公开

对于财务往来较多的农村集体经济组织,收支情况应当每月公开一次。每月公开能够及时反映资金的动态变化,便于村民及时监督资金的使用情况,发现问题及时提出。具体公开时间由所在地县级以上农村经营管理部门统一确定,确保公开时间的规范性和一致性。

(二) 即时公开

1. 重大事项随时公开

涉及集体经济组织及其成员利益的重大事项,如集体土地征占补偿、重大项目投资、大额资金借贷等，应当随时公开。在事项发生后的规定时间内（如一周内），将相关信息及时向村民公布，保障村民在第一时间了解重大财务变动情况，参与决策过程。

2. 特殊要求单独公开

对于多数成员或民主理财小组要求公开的内容，应当及时单独进行公开。例如，村民对某项支出存在疑问或对某个项目的收益情况关注较高，农村集体经济组织应根据村民需求，及时整理相关信息并单独公开，解答村民疑惑。

第三章　农村集体经济组织资产管理

第一节　农村集体经济组织资产的分类

一、按资产的形态分类

（一）固定资产

固定资产是指使用期限超过一年，单位价值在规定标准以上，并且在使用过程中保持原有物质形态的资产。固定资产包括房屋及建筑物，如村委会办公用房、仓库、厂房等；机器设备，如农业生产机械、农产品加工设备等；运输工具，如货车、客车等；以及其他固定资产，如电子设备、办公家具等。固定资产是农村集体经济组织开展生产经营活动和提供公共服务的重要物质基础，其价值通过折旧的方式逐步转移到产品或服务中。

（二）流动资产

流动资产是指可以在一年或者超过一年的一个营业周期内变现或者耗用的资产。流动资产包括应收款项，如应收的农产品销售款、资产租赁款等，反映了集体经济组织的债权；存货，包括种子、化肥、燃料、农药、原材料、机械零配件等，是生产经营活动的重要储备物资。流动资产具有流动性强、周转速度快的特点，对保障农村集体经济组织的正常运营起着关键作用。

（三）农业资产

农业资产是农村集体经济组织特有的资产类型，包括牲畜

（禽）资产和林木资产。牲畜（禽）资产如牛、羊、猪、鸡等，在养殖过程中会发生饲养费用、繁殖等情况，其价值随着生长和市场行情变化而变动；林木资产包括经济林木和非经济林木，经济林木如果树、茶树等，具有生产经营价值，非经济林木如防护林、风景林等，主要发挥生态和社会效益。农业资产的管理需要结合其生物特性，注重日常养护和成本核算。

（四）无形资产

无形资产是指农村集体经济组织拥有的没有实物形态的可辨认非货币性资产，主要包括专利权、商标权、著作权、土地使用权等。随着农村经济的发展和品牌意识的增强，无形资产的价值日益凸显。例如，一些具有特色农产品的农村地区，通过注册农产品商标，提升了农产品的市场竞争力和附加值；农村集体经济组织拥有的土地使用权，在土地流转、开发利用等过程中也体现出重要价值。

二、按资产的用途分类

（一）经营性资产

经营性资产是指农村集体经济组织用于生产经营活动，以获取经济收益为目的的资产，包括用于农业生产的土地、机械设备、生产设施等；用于农产品加工、销售的厂房、设备、仓库等；以及用于资产租赁、投资等经营活动的资产。经营性资产的运营效率直接关系到农村集体经济组织的经济收益，通过合理配置和有效管理经营性资产，可以提高资产的回报率，促进农村集体经济发展。

（二）非经营性资产

非经营性资产主要用于农村集体经济组织的公共服务和社会事业发展，不直接产生经济收益。如农村学校、医院、文化广场、养老院等公共服务设施；农村道路、桥梁、水利设施等基础设施；以及用于行政管理的办公设备、场所等。非经营性资产的建设和维护，对于改善农村生产生活条件、提高农村居民生活质量、促进农村社会和谐稳定具有重要意义。

三、按资产的权属分类

（一）集体所有资产

集体所有资产是指农村集体经济组织全体成员共同拥有所有权的资产，是农村集体经济组织资产的主要组成部分。这些资产来源于历史积累、政府投入、集体成员投入等多种渠道，其经营、管理和收益分配由农村集体经济组织成员大会或成员代表大会讨论决定，体现了集体成员的共同意志和利益。

（二）国家所有但由集体管理使用的资产

部分资产的所有权属于国家，但由农村集体经济组织负责管理和使用。例如，一些由国家投资建设的农村基础设施，如大型水利工程、农村电网等，建成后交由农村集体经济组织管理。在管理和使用过程中，农村集体经济组织要遵循国家相关规定，确保资产的安全和正常运行，同时合理利用资产为农村发展服务。

第二节 农村集体经济组织资产清查与登记

一、农村集体经济组织资产清查与登记的意义

（一）摸清资产家底，夯实管理基础

农村集体经济组织资产种类繁多、来源广泛，长期的发展过程中，资产状况可能发生复杂变化。通过资产清查与登记，能够全面梳理各类资产，准确核实资产的数量、质量、权属等信息，

清晰掌握集体资产的真实家底。无论是固定资产、流动资产，还是农业资产，都能在清查登记过程中得到准确记录，为后续制定科学的资产管理策略、开展资产运营和处置工作奠定坚实基础。

（二）保障资产安全，防止资产流失

资产清查与登记工作能够及时发现资产管理中存在的漏洞和问题。在清查过程中，通过对资产的实地盘点、账目核对，可以查找出资产闲置、损坏、被盗、挪用等情况，以及资产权属不清、账实不符等问题。针对这些问题，及时采取措施进行整改和规范，明确资产权属关系，加强资产保管和使用管理，有效防范资产流失风险，确保集体资产的安全完整。

（三）规范财务核算，提高会计信息质量

准确的资产清查是规范财务核算的前提。在清查过程中，对资产的增减变动、折旧摊销、价值评估等进行重新核实和调整，使财务账目能够真实、准确地反映资产的实际状况。这有助于提高农村集体经济组织的会计信息质量，为财务分析、决策提供可靠的数据支持，同时也符合国家财务制度和会计法规的要求，增强财务管理的规范性和透明度。

（四）维护成员权益，促进农村和谐稳定

农村集体经济组织资产归全体成员共同所有，资产清查与登记结果向成员公开，保障了成员对集体资产的知情权、参与权和监督权。成员能够清楚了解集体资产的状况，对资产的管理和使用进行有效监督，增强对集体经济组织的信任。当资产权属清晰、管理规范时，能够减少因资产问题引发的矛盾纠纷，维护农村社会的和谐稳定，为农村经济发展创造良好的环境。

二、农村集体经济组织资产清查的内容与方法

（一）资产清查的内容

1. 固定资产清查

对房屋及建筑物、机器设备、运输工具、电子设备等固定资产进行全面清查。核实资产的名称、规格型号、购置时间、数量、存放地点、使用状况等信息，检查资产是否存在闲置、损坏、报废等情况。同时，核对固定资产账目与实物是否一致，确保固定资产的账实相符。对于存在权属争议的固定资产，要查明原因，及时进行产权界定和处理。

2. 流动资产清查

流动资产清查包括应收款项、存货等。对应收款项进行逐一清理，核实债务人、欠款金额、欠款时间等信息，分析款项的可收回性，对可能形成坏账的应收款项进行评估和处理。对存货进行盘点，清查库存的农产品、农业生产资料、低值易耗品等的数量、质量和价值，检查是否存在积压、变质等情况。

3. 农业资产清查

农业资产包括牲畜（禽）资产和林木资产。对于牲畜（禽）资产，清查其种类、数量、生长状况、养殖地点等信息，记录牲畜（禽）的购入、繁殖、死亡、出售等变动情况，评估其价值。对林木资产，清查经济林木和非经济林木的面积、数量、生长情况、地理位置等，核实林木的权属，对林木的采伐、更新等情况进行登记，确保农业资产的准确核算和有效管理。

4. 无形资产清查

清查农村集体经济组织拥有的专利权、商标权、著作权、土地使用权等无形资产。核实无形资产的权属证明文件，了解无形资产的取得方式、使用期限、价值评估等情况，检查无形资产是

否存在被侵权、闲置等问题，对无形资产的价值进行合理评估和记录。

5. 债权债务清查

全面清查农村集体经济组织的债权债务情况。对债权，核实债权人、债务人、债权金额、发生时间、约定还款时间等信息，分析债权的可收回性；对债务，核实债务金额、债务期限、利率、债权人等信息，明确债务的偿还责任和还款计划。对债权债务进行分类登记，建立债权债务台账，为债务管理和风险防范提供支持。

（二）资产清查的方法

1. 实地盘点法

适用于固定资产、存货、农业资产等实物资产的清查。通过对资产进行逐一清点、测量、检查，确定资产的实际数量和状况。在实地盘点过程中，要做好详细记录，包括资产名称、规格型号、数量、存放地点、使用状况等信息，并与资产账目进行核对，发现差异及时查明原因。

2. 账目核对法

主要用于对应收款项、应付款项等货币资金和债权债务的清查。通过核对会计账目、凭证、报表，以及与银行、债务人、债权人等进行对账，核实资金和债权债务的真实性和准确性。账目核对要做到账证相符、账账相符、账实相符，确保会计信息的准确可靠。

3. 查询核实法

对于一些无法通过实地盘点和账目核对确定的资产信息，如无形资产的权属，采用查询核实法。通过查阅相关文件、资料、合同，咨询专业机构或人员，向有关部门进行查询等方式，获取准确的资产信息。在查询核实过程中，要注意收集和保存相关证

第三章 农村集体经济组织资产管理

据,确保资产信息的真实性和合法性。

4. 技术鉴定法

对于一些价值较高、技术含量较大的资产,如大型机械设备、专业仪器等,在清查过程中需要聘请专业技术人员进行技术鉴定。通过技术鉴定,确定资产的性能、质量、使用状况和价值,为资产的评估和管理提供依据。

三、农村集体经济组织资产登记的流程与要求

(一)资产登记的流程

1. 准备工作

在进行资产登记前,成立资产登记工作小组,明确小组成员的职责分工。收集整理与资产相关的资料,包括资产的购置发票、合同、产权证明、验收报告等原始凭证,以及资产清查过程中形成的清查记录、评估报告等资料。同时,确定资产登记的方法和标准,准备好资产登记所需的表格和工具。

2. 资产登记

根据资产清查结果,按照规定的资产分类和登记要求,将资产信息逐一录入资产登记系统或登记台账。登记内容包括资产名称、类别、规格型号、数量、购置时间、购置金额、使用部门、使用状况、存放地点、权属情况等。对于新增加的资产,要及时进行登记;对于发生变动的资产,如资产的报废、转让、调拨等,要按照规定的程序进行变更登记。

【相关链接】

农村集体经济组织资产清查结果核实重点

1. 数据准确性核查

重点比对资产账面数量与实际盘点数据,确保账实一致。

对于农机具、厂房设备等实物资产,需逐件清点核对;针对林地、水面等资源性资产,严格验证测绘面积与登记数据,要求误差控制在3%以内。通过精准的数据核实,保障集体资产账表数据真实可靠,为后续管理决策提供准确依据。

2. 权属清晰性认定

清查四类易出现权属争议的资产。其一,对未确权的集体建设用地,需追溯土地来源,依据相关法规明确产权归属;其二,针对被个人长期占用的集体房屋,核实占用依据,依法依规收回或完善使用手续;其三,因村界调整产生争议的自然资源,结合历史档案与地理信息,重新勘界确权;其四,梳理历史遗留的"代管资产",如学校、祠堂等,明确其产权主体,消除权属模糊问题,避免集体资产权益流失。

3. 合同合规性审查

全面检查资产租赁、承包合同的合规性。首先,核查合同签订是否履行民主程序,是否留存村民代表大会表决记录等关键材料;其次,审查合同期限是否符合法律规定,严禁出现超过20年上限的违规情况;最后,对比合同租金与乡镇指导价,对于明显低于市场价的合同,需深入调查原因,防止集体资产收益受损,确保合同签订合法、合理、合规。

4. **盘盈盘亏合理性分析**

对于清查中发现的账外资产,需详细追溯其来源,如捐赠未入账、自建未登记等情况,严格审核资产真实性,避免虚增集体资产。针对资产流失问题,深入追查原因,无论是违规变卖、报废未核销,还是其他不当处置行为,均需明确责任主体,严肃处理相关责任人,同时完善资产管理制度,杜绝类似问题再次发生。

5. 资源完整性排查

确保所有自然资源均纳入登记管理范围。重点关注被私自开垦的集体荒地，核实开垦情况，依法收回并重新规划利用；清查已征收但未补偿的集体土地，督促相关部门落实补偿政策；核查生态保护红线内的集体资源，确保资源利用符合生态保护要求，防止资源被非法侵占或违规开发，维护集体资源的完整性。

6. 历史遗留问题梳理

系统梳理超 10 年未解决的资产纠纷，如承包费长期拖欠、资产权属长期模糊等问题。针对不同类型的历史遗留问题，结合法律法规与实际情况，提出分类处置建议，推动问题逐步解决，化解矛盾纠纷，为农村集体经济组织健康发展扫清障碍。

3. 审核确认

资产登记完成后，由资产登记工作小组进行内部审核，检查登记信息的准确性和完整性。审核过程中，要对资产的账目、凭证、清查记录等进行核对，确保登记信息与实际情况相符。审核无误后，将资产登记结果提交给农村集体经济组织成员大会或成员代表大会进行审议确认，保障成员对资产登记工作的知情权和参与权。

4. 公示与备案

经成员大会或成员代表大会审议确认后的资产登记结果，要在村务公开栏进行公示。公示期间，接受成员的监督和质询，对成员提出的问题要及时进行解答和处理。公示无异议后，将资产登记结果报上级主管部门备案，同时建立健全资产登记档案，妥善保管资产登记相关资料。

（二）资产登记的要求

1. 准确性要求

资产登记信息必须真实、准确地反映资产的实际状况。登记过程中，要严格按照资产清查结果进行登记，确保资产的名称、规格型号、数量、价值等信息准确无误。对于资产的权属情况，要依据合法有效的产权证明文件进行登记，避免出现权属不清的情况。

2. 完整性要求

资产登记要涵盖农村集体经济组织的所有资产，不得遗漏任何一项资产。无论是固定资产、流动资产，还是农业资产和无形资产，都要进行全面登记。同时，要完整记录资产的各项信息，包括资产的基本情况、使用状况、变动情况等，确保资产登记的完整性。

3. 规范性要求

资产登记要按照统一的标准和规范进行操作。使用规定的资产分类和编码，采用统一的登记表格和登记方法，确保资产登记的规范性和一致性。登记过程中，要严格遵守财务制度和会计法规，规范资产的账务处理，保证资产登记工作符合相关法律法规的要求。

4. 动态管理要求

建立资产登记动态管理制度，及时更新资产登记信息。当资产发生购置、报废、转让、调拨、租赁等变动时，要在规定的时间内进行变更登记，确保资产登记信息能够实时反映资产的实际状况。定期对资产登记情况进行检查和核对，发现问题及时进行整改，保证资产登记工作的时效性和准确性。

第三节　农村集体经济组织资产运营与保值增值

一、农村集体经济组织资产运营的原则与目标

（一）运营原则

1. 依法合规原则

资产运营必须严格遵循国家法律法规和相关政策规定，确保运营活动合法合规。从资产租赁、投资到合作经营等各项业务，均需符合《中华人民共和国农业法》《农村集体经济组织财务制度》等法规要求，避免出现违规操作，保障集体资产安全。例如，在进行资产对外投资时，要严格审查投资项目的合法性，杜绝参与非法金融活动或违规商业项目。

2. 民主决策原则

农村集体经济组织资产归全体成员所有，资产运营决策应充分体现成员意志。重大资产运营事项需经成员大会或成员代表大会讨论通过，广泛听取成员意见和建议，保障成员的知情权、参与权和决策权。如集体土地的承包、租赁方案，必须经成员大会表决，确保决策公开透明、公平公正。

3. 效益优先原则

以提高资产使用效益为核心目标，通过优化资源配置，将资产投入效益高、前景好的项目中。在选择资产运营方式和项目时，要进行充分的市场调研和可行性分析，权衡投入与产出，确保资产运营能够实现经济效益最大化，同时兼顾社会效益和生态效益。

4. 风险防控原则

建立健全资产运营风险防范机制，对运营过程中可能出现的

市场风险、信用风险、财务风险等进行全面评估和监控。在开展投资、合作等业务时，制订风险应对预案，合理控制风险，避免因决策失误或市场波动导致资产损失。

(二) 运营目标

1. 提高资产使用效率

通过合理规划资产运营，减少资产闲置浪费，提高资产利用率。对闲置的固定资产进行盘活，通过租赁、入股等方式实现资产的有效利用；对资源性资产进行科学开发，提高其产出效益，使集体资产发挥最大效能。

2. 增加集体经济收入

以资产运营为手段，拓宽集体经济收入来源渠道。通过发展特色产业、开展资产租赁经营、进行对外投资等方式，增加集体经营收入、资产收益和投资回报，壮大集体经济实力，为农村公共服务和基础设施建设提供资金支持。

3. 实现资产保值增值

在资产运营过程中，采取有效措施防止资产流失，确保资产的价值不降低。通过合理的资产维护、更新和升级，以及科学的市场运作，实现资产的保值增值，保障集体资产的安全和可持续发展。

二、农村集体经济组织资产运营的主要方式

(一) 租赁经营

将农村集体经济组织闲置的房屋、厂房、仓库、设备等固定资产对外出租，获取租金收入。在租赁过程中，要明确租赁双方的权利和义务，签订规范的租赁合同，约定租赁期限、租金标准、支付方式、资产维护责任等条款。同时，加强对租赁资产的管理，定期检查资产使用状况，确保资产安全。

第三章 农村集体经济组织资产管理

（二）合作经营

1. 与企业合作

农村集体经济组织以资产入股、提供场地等方式与企业开展合作，共同发展农村产业。例如，与农业企业合作发展农产品种植、加工项目，企业提供技术、资金和市场渠道，集体经济组织提供土地、劳动力等资源，双方按约定比例分享收益。合作过程中，要明确合作双方的责任和利益分配机制，保障集体资产的权益。

2. 与其他集体经济组织合作

通过联合、合并等方式，整合多个农村集体经济组织的资产和资源，实现优势互补、协同发展。例如，多个村共同出资建设农产品批发市场、冷链物流设施等项目，共享建设成果和经营收益，提高市场竞争力和抗风险能力。

（三）自主经营

1. 发展特色产业

依托当地资源优势，农村集体经济组织自主发展特色农业、乡村旅游、农村电商等产业。通过建设特色农产品种植基地、开发乡村旅游景点、搭建电商销售平台等方式，实现集体资产的增值。在自主经营过程中，要注重品牌建设和市场开拓，提高产品和服务的质量和知名度。

2. 开展服务性经营

利用集体资产开展农业生产服务、生活服务等业务。如成立农业服务合作社，为农户提供农资供应、农机作业、技术培训等服务；建设农村综合服务中心，提供快递代收、生活用品销售、养老托幼等便民服务，增加集体经济收入。

（四）对外投资

1. 直接投资

农村集体经济组织将闲置资金直接投入其他企业或项目中，

获取投资收益。在进行直接投资时,要对投资项目进行充分的可行性研究和风险评估,选择具有良好发展前景和盈利能力的项目。同时,要参与投资项目的管理和监督,保障投资安全和收益。

2. 间接投资

通过购买股票、债券、基金等金融产品进行投资,实现资产的保值增值。间接投资需要具备一定的金融知识和投资经验,农村集体经济组织可委托专业机构进行管理,降低投资风险。

三、农村集体经济组织资产保值增值的策略

(一) 加强资产管理

1. 完善资产管理制度

建立健全农村集体经济组织资产管理制度,明确资产的购置、使用、维护、处置等环节的管理流程和责任主体。加强资产的日常管理,定期进行资产清查盘点,及时掌握资产的数量、价值和使用状况,确保账实相符。

2. 规范资产会计核算

严格按照会计制度进行资产会计核算,准确记录资产的增减变动情况。合理计提资产折旧、摊销,真实反映资产的价值损耗。加强财务监督,确保会计信息真实、准确、完整,为资产保值增值提供可靠的财务数据支持。

(二) 固定资产更新维护

对老旧的固定资产进行更新改造,提高资产的性能和使用效率。例如,对农业生产设备进行升级换代,提高生产效率和产品质量;对房屋、厂房等建筑物进行修缮和装修,提升其使用价值和租赁吸引力。

(三) 强化市场运营能力

1. 加强市场调研与分析

及时了解市场动态和需求变化,掌握行业发展趋势,为资产运营决策提供依据。根据市场需求调整资产运营方向和产品结构,提高资产运营的市场适应性和竞争力。

2. 培育专业人才队伍

培养和引进懂经营、善管理、熟悉市场的专业人才,提高农村集体经济组织的市场运营能力。通过开展业务培训、交流学习等活动,提升现有人员的专业素质和业务水平,为资产保值增值提供人才保障。

(四) 争取政策支持

1. 利用财政扶持政策

积极争取国家和地方政府的财政扶持资金,用于资产的建设、改造和运营。例如,申请农业产业发展专项资金、农村基础设施建设补贴等,降低资产运营成本,提高资产收益。

2. 享受税收优惠政策

了解并利用国家对农村集体经济组织的税收优惠政策,如减免农产品销售增值税、企业所得税等,减轻资产运营负担,增加集体经济收入。同时,关注土地、金融等方面的政策支持,为资产保值增值创造有利条件。

第四节　农村集体经济组织资产处置

农村集体经济组织资产处置是优化资源配置、实现资产价值最大化的重要环节。规范资产处置行为,对维护农村集体经济组织成员的合法权益、推动农村集体经济健康发展具有重要意义。

一、农村集体经济组织资产处置的原则

(一) 依法依规原则

资产处置必须严格遵循国家法律法规、政策规定以及农村集体经济组织内部管理制度。从资产处置的立项、审批到交易实施，每个环节都要符合《农村集体经济组织财务制度》《中华人民共和国农村集体经济组织法》等相关规定。禁止任何违法违规的资产处置行为，确保处置活动在法律框架内进行，保障资产处置的合法性和规范性。

(二) 民主决策原则

农村集体经济组织资产属于全体成员共同所有，重大资产处置事项需经成员大会或成员代表大会讨论决定。在资产处置前，应充分征求成员意见，保障成员的知情权、参与权和决策权。通过民主决策程序，确保资产处置方案体现成员意愿，防止少数人擅自决定资产处置，维护集体利益。

(三) 公开透明原则

资产处置过程应保持公开透明，接受全体成员和社会监督。从处置信息发布、交易过程到结果公示，都要及时、准确公开。通过村务公开栏、网络平台等渠道，公开资产处置的原因、方式、价格、受让方等信息，杜绝暗箱操作。

(四) 效益最大化原则

资产处置应以实现资产价值最大化和集体利益最大化为目标。在选择处置方式和确定处置价格时，要进行充分的市场调研和价值评估，综合考虑资产的当前价值和未来收益。避免低价贱卖或随意处置资产，确保资产处置能够为农村集体经济组织带来最大经济效益和社会效益。

二、农村集体经济组织资产处置的范围与方式

（一）资产处置的范围

1. 固定资产处置

包括房屋及建筑物、机器设备、运输工具、电子设备等达到使用年限、损坏无法修复、闲置多余或因技术进步需要淘汰的固定资产。此外，因规划调整、项目变更等原因不再适用的固定资产也需进行处置。

2. 流动资产处置

主要涉及长期无法收回的应收款项、积压变质的存货等流动资产。对于确实无法收回的坏账，经核实后按规定程序进行核销；对无使用价值的存货，进行报废处理。

3. 农业资产处置

涵盖达到使用年限、死亡、疫病无法救治的牲畜（禽）资产，以及需要更新、采伐的林木资产。农业资产处置需符合相关养殖、林业管理规定，并办理相应审批手续。

4. 无形资产处置

当专利权、商标权、著作权等无形资产到期、失效，或因市场变化、技术更新失去使用价值时，需进行处置。土地使用权的处置则要符合土地管理法律法规和相关政策要求。

（二）资产处置的方式

1. 出售

通过公开招标、拍卖、协议转让等方式，将资产出售给其他单位或个人。对于价值较高、市场需求较大的资产，优先采用公开招标或拍卖方式，以获取最优价格；对于一些特定用途或价值较低的资产，可采用协议转让方式，但需严格履行审批程序。

2. 报废

对已达到使用年限、损坏严重无法修复或维修成本过高、无

使用价值的资产，按照规定程序进行报废处理。报废资产需经技术鉴定和相关部门审批，报废后的残值收入应及时入账。

3. 捐赠

农村集体经济组织将闲置或多余的资产捐赠给公益组织、其他农村集体经济组织或经济欠发达地区，用于支持公益事业或扶贫工作。捐赠资产需经成员大会或成员代表大会同意，并办理相关手续。

4. 投资入股

以资产作为出资，与其他单位或个人共同组建企业或合作项目。投资入股前需对资产进行评估，明确资产价值和股权比例，签订投资协议，保障集体资产权益。

三、农村集体经济组织资产处置的程序

（一）提出处置申请

由资产使用部门或管理部门根据资产实际情况，提出资产处置申请。申请内容应包括资产的基本情况、处置原因、拟处置方式等，并附相关证明材料，如资产购置发票、技术鉴定报告、报废审批表等。

（二）进行价值评估

对拟处置的资产，委托具有资质的评估机构进行价值评估。评估机构应根据资产的类型、市场行情等因素，采用合理的评估方法，确定资产的评估价值。评估结果作为资产处置价格的重要参考依据。

（三）民主决策

将资产处置方案及评估结果提交成员大会或成员代表大会讨论。会议应充分听取成员意见，对处置方案进行审议表决。经2/3以上成员或成员代表同意后，形成资产处置决议。

（四）审批备案

资产处置决议通过后，按照规定权限报上级主管部门审批。对于重大资产处置事项，需经乡镇政府或县级农业农村部门批准。审批通过后，将资产处置情况报相关部门备案。

（五）组织实施

根据审批通过的处置方案，组织开展资产处置工作。采用公开招标、拍卖方式的，应按照相关规定发布公告，组织交易活动；采用协议转让方式的，应签订转让合同，明确双方权利义务。处置过程中要严格遵守相关法律法规和操作规程，确保交易安全、合法。

（六）账务处理

资产处置完成后，财务部门应及时进行账务处理，注销处置资产的账目，确认资产处置收入或损失，并将相关凭证、资料归档保存。同时，将资产处置结果在村务公开栏进行公示，接受成员监督。

第四章 农村集体经济组织资源管理

第一节 农村集体经济组织资源的分类

一、按资源的自然属性分类

（一）土地资源

土地资源是农村集体经济组织最重要的资源之一，是农业生产的基础。根据土地的用途和性质，可进一步细分为耕地、林地、草地、宅基地、集体建设用地等。耕地主要用于粮食、蔬菜等农作物的种植；林地是森林资源的主要载体，具有生态、经济和社会等多重功能；草地是畜牧业发展的重要物质基础；宅基地是农民用于建造住宅及其附属设施的土地；集体建设用地则可用于农村公益事业、公共设施建设以及乡村工业、商业等非农产业的发展。

（二）森林资源

森林资源除了林地范围内的林木资源，还包括林区内的野生植物资源、微生物资源以及依托森林生态系统形成的景观资源等。森林资源具有多种功能，如木材生产、生态服务、旅游休闲等。加强森林资源管理，对于维护生态平衡、推动绿色发展具有重要意义。

（三）生物资源

农村集体经济组织拥有丰富的生物资源，包括农作物品种、

第四章 农村集体经济组织资源管理

畜禽品种、野生植物、野生动物等。生物资源是农业生产和农村经济发展的物质基础，也是生物多样性的重要组成部分。保护和合理开发利用生物资源，对于维护农村生态平衡、保障农产品质量安全和促进农业可持续发展具有重要意义。

二、按资源的经济属性分类

（一）经营性资源

经营性资源是指能够直接用于生产经营活动，产生经济收益的资源。例如，用于种植经济作物的耕地、开展水产养殖的水域、进行林木采伐和加工的林地等。这些资源通过合理的开发和运营，能够为农村集体经济组织带来直接的经济收入，是农村集体经济发展的重要支柱。

（二）公益性资源

公益性资源主要用于满足农村公共服务和社会事业发展需求，不直接产生经济收益，但对农村居民的生活质量和农村社会的稳定发展具有重要意义。如农村的公共绿地、饮用水水源地、生态保护区等。这些资源的保护和管理，需要以保障公共利益为出发点，确保其生态和社会效益的充分发挥。

三、按资源的开发利用程度分类

（一）已开发利用资源

已开发利用资源是指已经投入生产经营活动或公共服务领域，正在发挥作用的资源。例如，正在耕种的耕地、运营中的养殖场、已建成的农村文化广场等。对于已开发利用资源，需要不断优化利用方式，提高资源利用效率，实现资源的可持续利用。

（二）未开发利用资源

未开发利用资源即尚未被开发利用的资源，如荒草地、未利用的水域等。对未开发利用资源的开发，需要进行科学规划和可行性研究，充分考虑资源的承载能力和生态环境影响，避免盲目开发造成资源浪费和生态破坏。

（三）待开发利用资源

待开发利用资源是指已经具备一定开发条件，但由于资金、技术、市场等因素限制，暂时未进行开发的资源。对待开发利用资源，农村集体经济组织应积极创造条件，适时进行开发，将资源优势转化为经济优势。

第二节 农村集体经济组织资源清查与登记

一、农村集体经济组织资源清查

（一）清查原则

1. 全面覆盖原则

农村集体经济组织资源清查包括土地、森林、山岭、草原、荒地、滩涂等各类资源，确保不遗漏任何一项集体资源。无论是已经开发利用的资源，还是尚未利用的闲置资源，都要纳入清查范围，以全面掌握农村集体经济组织资源的整体状况。

2. 实事求是原则

在清查过程中，必须秉持实事求是的态度，如实记录资源的数量、质量、位置、权属等信息。严禁虚报、瞒报、漏报资源情况，确保清查数据真实可靠。对于存在争议或难以确定的资源信息，要深入调查核实，依据事实进行认定，避免因虚假信息影响后续资源管理工作。

3. 公开透明原则

清查工作应做到公开透明，充分保障村民的知情权和参与

第四章 农村集体经济组织资源管理

权。清查过程中的相关信息,如资源清查方案、清查结果等,要及时向村民公示,接受村民监督。同时,建立健全村民意见反馈机制,对于村民提出的疑问和建议,要及时进行解答和处理,确保清查工作公平公正开展。

4. 依法依规原则

农村集体经济组织资源清查必须严格遵循国家法律法规和相关政策规定。在清查程序、方法、数据处理等各个环节,都要符合法律要求,确保清查工作合法合规。通过依法清查,保障农村集体经济组织资源的合法性和稳定性,为后续资源管理和开发利用提供坚实的法律基础。

(二)清查的重点领域

1. 农用地资源清查

(1)耕地。耕地清查需按照承包到户面积与未承包到户面积进行分类确权登记。对于承包到户的耕地,要深入田间地头,以地块为基本单元,精确核实承包地面积与实际耕种面积的差异。这一过程中,需借助卫星遥感影像、全站仪测量等技术手段,确保数据准确无误。同时,重点追踪预留机动地的面积及使用情况,包括机动地的发包时间、承包方、承包费用等信息,防止机动地被非法侵占或违规使用,保障集体土地资源的合理利用和收益。

(2)园地。园地清查聚焦果园、茶园、橡胶园的"三园"面积核实。在产业结构调整过程中,存在部分耕地改种果树、茶树等经济作物的情况。因此,清查时需仔细比对耕地与园地数据,从原耕地面积中准确减除已划为园地的面积,确保土地分类准确,避免重复统计或漏统,为农业产业规划和政策制定提供可靠依据。

(3)林地。林地清查包括公益林与商品林面积核查,以及林权证有效性验证。对于不同权属的林地,需分别核查承包到户、到组、到村的面积,并进行详细登记。核查林权证时,要查验证书的合法性、有效性,确认林地权属是否清晰,有无纠纷隐患。同时,结合森林资源调查数据,掌握林地的分布、质量和利用状况,为林地保护、开发和生态补偿提供数据支持。

(4)草地。草地清查着重核实承包到户面积与实际面积的差异,以及未承包到户面积的确权情况。通过实地测量和资料比对,确保草地面积数据准确。对于未承包到户的草地,要明确其权属主体,制定合理的利用和管理方案,防止草地资源闲置或过度利用,促进草地生态系统的可持续发展。

(5)农田水利设施用地(沟渠)。农田水利设施用地清查主要核实其权利主体和确权情况,以及与实际面积的差异。清查过程中,需确定沟渠的所有权、使用权归属,检查是否存在因土地调整、建设等原因导致的权属争议。同时,精确测量沟渠的长度、宽度和占地面积,确保农田水利设施用地数据准确,为农田灌溉、防洪排涝等水利工程建设和管理提供基础数据。

(6)养殖水面(坑塘水面)。养殖水面清查重点在养殖水面、水库、塘坝等测绘确权数据的准确性。利用专业测绘技术,对养殖水面的面积、边界进行精确测量,明确其权属范围。同时,了解养殖水面的经营状况,包括养殖品种、产量、收益等信息,为水产养殖产业发展和资源合理配置提供参考。此外,对于其他农用地,也需全面核实实际地块情况,确保农用地资源清查无遗漏。

2. 建设用地资源清查

建设用地资源清查涵盖工矿仓储、商服用地、农村宅基地、公共管理与公共服务用地、交通运输和水利设施用地等类型。清查工作需对各类建设用地的权属进行确认,查验相关土地权属证

第四章 农村集体经济组织资源管理

书、审批文件等资料,确保权属清晰合法。同时,实地核查实际占用土地情况,包括土地用途、面积、边界、利用现状等,检查是否存在违规占地、超范围使用等问题,为建设用地规划、管理和节约集约利用提供依据。

3. 未利用地及其他特殊用地清查

(1) 未利用地。未利用地清查针对属于村集体且未被划分为农用地、建设用地的土地,需精确到地块。清查过程中,详细记录未利用地的位置、面积、地形地貌、土壤条件等信息,分析其开发利用潜力和限制因素。对于未利用地的管理,需制定合理的规划,在保护生态环境的前提下,探索科学的开发利用方式,提高土地资源利用效率。

(2) "四荒地"。"四荒地"即未承包的荒山、荒沟、荒丘、荒滩,清查时需对其现状进行全面调查,精确到具体场地。调查内容包括土地面积、植被覆盖、地形地貌、水土流失等情况,以及周边基础设施配套情况。通过对"四荒地"的清查,为其合理开发利用提供基础数据,如发展生态旅游、特色种植养殖等产业,促进农村集体经济发展。

(3) 特殊土地资源。针对宗祠、古建筑等文物占地,清查其确权面积与实际占地情况。与文物管理部门协作,核实文物保护范围和土地权属,确保文物保护与土地管理相协调。同时,记录文物建筑的历史价值、保护现状和利用情况,为文化遗产保护和开发提供支持。对于碳汇林、湿地等新型资源,清查其占用土地面积情况。结合生态环境监测数据,了解生态资源的分布、功能和价值,为生态补偿、生态保护和生态产业发展提供数据支撑,推动农村生态经济协同发展。

(4) 生物资产。对于拥有林地的村,生物资产清查与林地清查密切相关。在清查公益林、商品林时,除了关注林地面积和林权证情况,还需调查林木的种类、数量、生长状况、蓄积量等生物资产指标。这些数据对于评估森林生态系统服务功能、林业产业发展潜力以及生物多样性保护具有重要意义,有助于实现森林资源的科学管理和可持续利用。

农村集体经济组织资源清查工作通过对各类资源的全面、细致清查,能够准确掌握集体资源家底,为农村集体经济发展、资源合理配置、生态环境保护和乡村振兴战略实施提供坚实的数据基础和决策依据。

(三) 清查方法

1. 三维定位技术应用

(1) 北斗定位系统坐标采集。北斗定位系统凭借高精度、全天候的定位优势,成为资源地块坐标采集的核心工具。在清查过程中,技术人员携带北斗定位终端设备深入田间地头、山林水域,对每一块资源地块进行实地测量。通过接收卫星信号,精准获取地块的经度、纬度和高程信息,实现地块的三维空间定位。对于面积较大或形状不规则的地块,采用分段测量、多点定位的方式,确保坐标数据完整覆盖地块范围。例如,在林地清查中,利用北斗定位系统可以精确标记每一片林地的边界拐点坐标,为后续资源管理和开发提供准确的空间基准。

(2) 地理信息系统(GIS)数字化建档。建立 GIS 是实现资源数字化管理的重要环节。将通过北斗定位系统采集的地块坐标数据导入 GIS,结合地块的属性信息,如土地类型、权属主体、面积等,构建数字化资源档案。GIS 能够以地图的形式直观展示资源分布情况,支持用户进行放大、缩小、查询、分析等操作。通过 GIS,可以对资源进行分类统计,生成各类专题地图,如耕地分布图、林地资源图等,便于管理者快速掌握资源整体状况,为资源规划、开发和保护提供科学依据。同时,GIS 具备数据更新功能，可实时反映资源动态变化，确保资源档案的时效性和准确性。

（3）无人机航拍制作高精度资源分布图。无人机航拍技术为获取高精度资源影像提供了高效手段。利用无人机搭载高清摄像头，按照预定航线对清查区域进行低空飞行拍摄，获取高分辨率的遥感影像数据。通过图像处理软件对航拍影像进行拼接、纠正和融合处理，生成高精度的资源分布图。无人机航拍能够克服地形复杂、人工测量难度大等问题，快速获取大面积资源区域的影像信息。在资源分布图上，可以清晰地看到地块的边界、形状、地物分布等细节，有助于发现资源利用中存在的问题，如非法占用、边界争议等。例如，在清查建设用地时，通过无人机航拍图可以直观地查看建筑物的位置、面积和建设情况，为违规用地查处提供有力证据。

2. 多源数据比对分析

（1）农业农村部门数据。农村土地承包经营权确权登记数据库包含了农村土地承包到户的详细信息，如承包方姓名、承包地块位置、面积、四至边界等。在资源清查中，将该数据库与实地清查数据进行比对，可以核实承包土地的实际情况与登记信息是否一致，发现承包地面积变化、权属纠纷等问题。农村集体资产清产核资系统记录了农村集体资产的基本信息、变动情况和经营状况，通过与资源清查数据交叉比对，能够全面掌握集体资产与资源的关联关系，确保资产清查的完整性和准确性。

（2）自然资源部门数据。第三次全国国土调查成果数据是最权威的土地利用现状数据，涵盖了全国土地的地类、面积、分布等信息。将其与资源清查数据进行比对，可以准确判断资源地块的土地用途是否符合规划，是否存在违法违规用地行为。同时，利用国土调查数据中的地形地貌、土壤等信息，有助于评估资源的开发利用潜力和适宜性,为资源合理规划提供参考。

(3)林草部门数据。林权制度改革数据详细记录了林地的权属、面积、林种、树种等信息。在林地清查中,与林草部门数据比对,可以核实林权证的真实性和有效性,确认林地权属关系,解决林地边界争议等问题。同时,通过分析林权数据,能够了解林地的经营状况和生态功能,为林业资源保护和发展提供依据。

(4)水务部门数据。养殖水面、水库、塘坝、水利设施的测绘确权数据对于清查水域资源和水利设施用地至关重要。将这些数据与实地清查结果进行比对,可以准确掌握水域面积、水利设施位置和权属情况,确保水资源和水利设施得到有效管理和保护。例如,在清查养殖水面时,通过与水务部门数据比对,可以核实养殖水面的合法范围,防止非法侵占水域资源的行为发生。

(5)交通部门数据。交通运输占地路网数据记录了交通基础设施的位置、走向和占地范围。在清查建设用地和农用地时,与交通部门数据比对,可以明确交通设施用地情况,避免因道路建设等原因导致的资源权属纠纷和面积误差。同时,通过分析路网数据,有助于合理规划农村交通与资源开发的关系,促进农村经济发展。

3. 权属确认流程规范

(1)历史档案追溯。历史档案是确认资源权属的重要依据,清查人员需全面查阅1982年以来的承包合同、会议记录、土地审批文件等资料。通过对历史档案的梳理和分析,追溯资源权属的演变过程,理清资源的原始来源和流转情况。对于存在争议的资源地块,历史档案中的相关记载可以为权属确认提供有力证据。例如,通过查阅承包合同,可以确定土地的承包期限、承包费用等关键信息,明确承包方和发包方的权利义务关系。

（2）村民代表会议确认制度。村民代表会议在资源权属确认中发挥着民主决策的重要作用。对于清查过程中难以确定权属的资源，组织召开村民代表会议进行讨论和表决。村民代表作为村民利益的代表，凭借对当地情况的了解，结合历史事实和实际情况，对资源权属提出意见和建议。通过村民代表会议的集体决策，确保资源权属确认结果符合大多数村民的意愿，增强权属确认的公信力和认可度。

（3）毗邻地块权利人联合指界。毗邻地块权利人联合指界是明确资源边界的重要环节。在实地清查过程中，邀请毗邻地块的权利人共同参与指界工作，通过现场指认和协商，确定地块的边界位置。联合指界过程中，技术人员利用测量工具对边界进行精确测量和标记，并制作指界记录，由各方权利人签字确认。这种方式可以有效避免因边界不清引发的纠纷，确保资源权属清晰、边界明确。

（4）公示异议处理机制。为保障资源清查结果的公开、公正、公平，建立公示异议处理机制。将资源清查结果和权属确认情况在村务公开栏、村集体活动场所等显著位置进行公示，公示期不少于7个工作日。在公示期间，任何单位和个人如有异议，均可向清查工作组提出书面意见，并提供相关证明材料。清查工作组对异议进行认真核实和调查，对于确有错误的内容及时进行修正，并将处理结果再次公示，直至异议得到妥善解决。通过公示异议处理机制，充分保障村民的知情权和监督权，确保资源清查工作的准确性和合法性。

二、农村集体经济组织资源登记

（一）登记的政策依据

1. 法律法规

《中华人民共和国民法典》《中华人民共和国土地管理法》《中华人民共和国农村土地承包法》《中华人民共和国森林法》等法律，明确界定了农村集体经济组织资源的产权归属、权利范畴与保护方式，为资源登记工作构建起坚实的法律框架。这些法律清晰规定农村土地所有权归属于农村集体经济组织，农民依法享有土地承包经营权、宅基地使用权等权益，从法律层面明确了资源登记的权利基础与规范要求。

2. 政策文件

近年来，国家相继出台《中共中央　国务院关于稳步推进农村集体产权制度改革的意见》《关于全面开展农村集体资产清产核资工作的通知》《关于进一步加强农村宅基地管理的通知》等政策文件，对农村集体经济组织资源登记工作作出详细部署与指导。文件明确了登记的范围、实施程序、操作方法以及时间安排，为各地开展资源登记工作提供了具体的政策指引和操作指南。

（二）登记的内容

农村集体经济组织资源登记是明晰资源产权、规范资源管理的重要基础工作，其主要内容包括权属、界限、面积、位置等。

1. 权属登记

权属登记是农村集体经济组织资源登记的核心内容，旨在明确资源的所有权、使用权、经营权等权利归属。对于土地资源，需明确是集体所有还是国家所有，若为集体所有，要确定具体的农村集体经济组织；在土地承包经营权登记方面，要详细记录承包方的姓名、家庭人口、承包期限等信息，确保承包关系明晰。

对于林地、水域等资源,同样要登记所有权主体以及相关使用权和经营权的归属情况。通过准确的权属登记,能够有效避免资源权属纠纷,保障农村集体经济组织和成员的合法权益,为资源的合理开发利用和流转奠定坚实基础。

2. 界限登记

界限登记主要是确定农村集体经济组织资源的边界范围。在土地资源登记中,要清晰界定每一块土地的四至界限,即东、南、西、北四个方向的边界位置,通常会借助界址点、界址线等标识进行确定,并在登记资料中详细记录。例如,对于耕地,会以田埂、沟渠等为界,明确其边界范围;对于宅基地,会根据批准文件和实际建设情况,确定宅基地的边界。在林地、水域等资源登记时,同样要准确划定边界,如林地以山脊、河流等自然地理特征为界,水域以岸线等为界。界限登记的准确性至关重要,它直接关系到资源的权益范围和相邻关系,能够有效防止因边界不清引发的纠纷,保障资源的有序管理和利用。

3. 面积登记

面积登记是对农村集体经济组织资源数量的量化记录。在土地资源方面,无论是耕地、建设用地还是未利用地,都要精确测量并登记其面积。测量方法通常采用现代测绘技术,如卫星遥感、全站仪测量等,确保面积数据的准确性。对于林地,要登记林地总面积以及不同林种(如用材林、经济林等)的面积;水域资源则需登记水域面积、滩涂面积等。准确的面积登记不仅是资源统计和管理的基础,也是资源收益分配、征收补偿等工作的重要依据。例如,在土地征收过程中,面积登记数据直接影响到补偿金额的计算;在资源收益分配时,面积也是重要的分配参考因素之一。

4. 位置登记

位置登记主要是确定农村集体经济组织资源在地理空间上的

具体方位。通过地理坐标（如经纬度）、地名地址等方式，精确记录资源的位置信息。在实际操作中，通常会结合GIS技术，将资源的位置在地图上进行标注，实现可视化管理。例如，对于农村集体的果园，不仅要登记其所在的村庄、组，还要精确到具体的地块位置，通过GIS可以直观地看到果园在区域内的分布情况。位置登记对于资源的规划利用、监管巡查等工作具有重要意义。一方面，便于制订科学合理的资源开发利用规划，根据不同位置的资源特点进行差异化管理；另一方面，有利于监管部门开展巡查工作，及时发现和处理资源违规使用等问题。

（三）登记中的常见问题及解决措施

1. 权属争议问题

登记过程中，土地边界不清、林地权属纠纷、宅基地使用权争议等权属争议较为常见。对此，首先倡导当事人协商解决；协商无果的，由乡镇人民政府或县级人民政府进行调解；调解不成的，引导通过法律途径处理。处理时尊重历史事实，依据法律法规和政策，秉持公平公正原则化解争议，保障登记工作顺利推进。

2. 资料缺失问题

受历史因素影响，部分资源权属资料缺失影响登记工作。对此，可通过查阅历史档案、走访当事人、实地调查等方式补充资料。同时建立资料缺失认定和处理机制，对无法补充的资料，按规定进行认定处理，避免因资料问题延误登记。

3. 登记信息错误问题

登记过程中可能出现权利人姓名错误、面积登记偏差、位置标注不准等信息错误。登记机构需建立纠错机制，及时发现并修正错误。权利人发现错误可申请更正登记，登记机构核实后进行更正并重新颁发证书。

第三节 农村集体经济组织资源开发利用

农村集体经济组织资源的开发利用是盘活农村资源、推动农村经济发展、实现乡村振兴的重要途径。在乡村振兴战略深入推进的背景下,科学合理地开发利用农村集体经济组织资源,对于提升农村集体经济实力、增加农民收入、优化农村产业结构具有重要意义。近年来,随着相关政策的不断完善和实践探索的持续深入,农村集体资源开发利用呈现出多元化、创新化的发展态势。

一、农村集体经济组织资源开发利用的原则

(一) 依法依规原则

农村集体经济组织资源开发利用必须严格遵循国家法律法规和相关政策规定。无论是土地资源的开发、矿产资源的开采,还是文化资源的利用,都要在法律框架内进行。例如,土地开发需符合《中华人民共和国土地管理法》《中华人民共和国农村土地承包法》等相关规定,不得擅自改变土地用途;矿产资源开发必须依法取得采矿许可证,并严格遵守生态环境保护等方面的要求。通过依法依规开发利用,确保农村集体经济组织资源开发利用活动的合法性和规范性,维护农村社会稳定和经济秩序。

(二) 生态优先原则

在资源开发利用过程中,始终将生态环境保护放在首位。农村的自然资源是农村生态系统的重要组成部分,过度开发或不合理利用会破坏生态平衡,影响农村的可持续发展。因此,在开发利用农村集体经济组织资源时,要充分考虑生态环境的承载能力,采用绿色、低碳、环保的开发方式。如在发展乡村旅游时,

注重对自然景观和生态环境的保护，避免大规模的建设性破坏；在农业资源开发中，推广生态农业模式，减少化肥农药的使用，保护土壤和水资源。

(三) 市场导向原则

以市场需求为导向，合理配置农村集体经济组织资源，提高资源开发利用的经济效益。深入分析市场需求，结合农村实际，确定资源开发利用的方向和重点。例如，随着人们对健康食品和生态农产品的需求不断增加，农村可依托丰富的土地资源和良好的生态环境，发展绿色有机农业；根据城市居民对乡村休闲旅游的需求，开发特色乡村旅游项目。同时，遵循市场规律，引入市场机制，鼓励各类市场主体参与农村集体经济组织资源开发利用，提高资源配置效率。

(四) 农民主体原则

充分尊重农民的主体地位和意愿，保障农民在资源开发利用中的知情权、参与权和收益权。农村集体经济组织资源属于农民集体所有，资源开发利用的目的是促进农民增收和农村发展。在资源开发利用过程中，要广泛征求农民意见，让农民参与决策和管理。通过建立合理的利益分配机制，确保农民能够从资源开发利用中获得实实在在的收益，如通过土地入股、参与经营、就业等方式分享开发成果。

二、农村集体经济组织资源开发利用的主要途径

(一) 土地资源开发利用

1. 发展现代农业

利用农村集体经济组织耕地资源，发展规模化、集约化、现代化农业。通过土地流转、土地入股等方式，将分散的土地集中起来，引入农业企业、合作社等新型农业经营主体，发展设施农

业、智慧农业、特色农业等。例如，建设高标准农田，推广滴灌、喷灌等节水灌溉技术，种植高附加值的农作物，提高农业生产效率和农产品质量。

2. 建设农业产业园

依托农村集体经济组织土地资源，建设现代农业产业园，打造集种植养殖、农产品加工、休闲观光、科普教育等功能于一体的农业综合发展平台。在产业园内，建设农产品加工车间、冷链物流设施，延长农业产业链，提高农产品附加值；开发农业观光、采摘体验等乡村旅游项目，促进农旅融合发展。

3. 盘活闲置宅基地和农房

对农村闲置的宅基地和农房进行盘活利用，发展乡村民宿、乡村养老、农村电商等产业。通过宅基地使用权流转、农房租赁等方式，吸引社会资本参与开发，既解决了农村闲置资源浪费问题，又为农民增加了财产性收入，同时也为乡村发展注入新活力。

(二) 森林资源开发利用

1. 发展林下经济

在集体林地中发展林下种植、林下养殖、林下采集加工等林下经济模式。林下种植可种植中药材、食用菌、蔬菜等；林下养殖可养殖家禽、家畜等；林下采集加工可对野生菌类、药材等进行采集和加工。通过发展林下经济，充分利用森林资源的立体空间，提高林地综合利用率和经济效益。

2. 开展森林旅游

依托丰富的森林景观资源，开发森林旅游项目，如建设森林公园、森林康养基地、森林探险步道等。结合当地的民俗文化和自然景观，打造特色森林旅游产品，吸引游客前来休闲度假、养生保健、观光游览，促进农村第三产业发展。

3. 发展林产品加工

对森林资源进行深加工,生产木材制品、竹制品、林化产品等。通过延长林产品产业链,提高林产品附加值,增加林业收入。同时,鼓励发展绿色环保的林产品加工技术,减少对环境的污染。

(三) 水资源开发利用

1. 发展水产养殖

利用农村集体经济组织的河流、湖泊、水库、池塘等水资源,发展淡水养殖。推广生态养殖模式,如鱼菜共生、稻渔综合种养等,提高养殖效益和生态效益。同时,加强水产养殖技术创新和品牌建设,提高水产品的市场竞争力。

2. 开发水利旅游

结合水利工程和水资源景观,开发水利旅游项目。如建设水库观光区、水上乐园、漂流景区等,将水利工程与旅游休闲相结合,充分发挥水资源的综合效益。在开发水利旅游项目时,要注重水资源保护和安全管理。

3. 利用水能资源发电

在具备条件的地区,利用农村集体经济组织拥有的水能资源建设小型水电站。通过水能发电,既可以为农村生产生活提供电力,又可以将多余的电力上网销售,增加集体经济收入。在建设水电站时,要做好生态环境影响评估,确保对生态环境的影响降到最低。

(四) 文化资源开发利用

1. 发展民俗文化产业

深入挖掘农村的民俗文化资源,如传统手工艺、民俗表演、民间节庆等,将其转化为文化产品和文化服务。通过建立民俗文化传承基地、手工艺品制作工坊,培养民俗文化传承人,开发具有地方特色的民俗文化产品，并通过线上线下相结合的方式进行销售和推广。

2. 打造历史文化旅游

对农村的历史遗迹、古建筑、古村落等历史文化资源进行保护和开发，打造历史文化旅游品牌。通过修缮古建筑、恢复历史场景，开发历史文化旅游线路，让游客在游览中感受农村的历史文化底蕴。同时，加强对历史文化资源的保护和管理，防止过度开发和破坏。

3. 发展乡村文化创意产业

以农村文化资源为基础，融入现代创意元素，发展乡村文化创意产业。如开发乡村主题的动漫、影视、游戏等文化产品，建设乡村文化创意园区，吸引文化创意人才和企业入驻，推动农村文化产业转型升级。

三、农村集体经济组织资源开发利用的模式

（一）村集体自主开发模式

村集体利用自身的资源和资金，自主开展资源开发利用项目。这种模式的优势在于村集体对项目具有完全的控制权，能够充分保障农民的利益，收益全部归村集体和村民所有。例如，村集体利用集体土地建设蔬菜大棚，组织村民进行种植和销售，所得收益用于村集体建设和村民分红。但该模式也存在资金和技术有限、抗风险能力较弱等不足。

（二）合作开发模式

1. 村企合作

村集体与企业合作，村集体以资源入股，企业投入资金、技术和管理经验，共同开发农村集体经济组织资源。双方按照合作协议约定的比例分享收益。例如，村集体将闲置土地与旅游企业

合作开发乡村旅游项目，企业负责项目的规划、建设和运营，村集体参与管理并获得相应的收益分成。

2. 村社合作

村集体与农民专业合作社合作，合作社组织农民参与资源开发利用，村集体提供资源支持和协调服务。通过合作，实现资源共享、优势互补，提高资源开发利用的效率和效益。如村集体与养殖合作社合作，利用集体池塘发展水产养殖，合作社负责技术指导和销售，村集体协助解决养殖过程中的问题。

（三）委托经营模式

村集体将资源委托给专业的企业或个人进行经营管理。村集体与受托方签订委托经营合同，明确双方的权利和义务，受托方按照合同约定向村集体支付一定的费用。这种模式可以充分利用受托方的专业优势和市场资源，提高资源开发利用的水平。例如，村集体将集体林场委托给林业企业进行经营管理，企业负责林场的造林、管护和木材采伐销售，村集体每年获得固定的收益。

第四节　农村集体经济组织资源流转

一、农村集体经济组织资源流转的原则

（一）依法依规原则

资源流转必须严格遵循国家法律法规和政策规定，确保流转行为合法有效。无论是土地承包经营权流转、集体经营性建设用地入市，还是森林资源、水资源等其他资源流转，都要符合《中华人民共和国土地管理法》《中华人民共和国农村土地承包法》《中华人民共和国民法典》等相关法律要求。例如，土地流转不

得改变土地的农业用途,不得损害农村集体经济组织和农民的合法权益,必须在法律框架内履行相关审批和登记手续。

(二) 自愿有偿原则

充分尊重农村集体经济组织和农民的意愿,任何单位和个人不得强迫或者阻碍其进行资源流转。资源流转应建立在平等协商、自愿互利的基础上,流转双方通过签订书面合同,明确约定流转的方式、期限、价款、双方权利义务等内容。同时,流转方有权获得合理的经济补偿,保障其合法收益,受让方则需按照合同约定支付流转费用,实现资源的有偿使用。

(三) 公开公平公正原则

资源流转过程应保持公开透明,保障各方知情权和参与权。通过公开流转信息、规范流转程序、接受社会监督等方式,确保流转活动在公平公正的环境下进行。建立健全信息发布平台,及时公布资源流转的相关信息,包括流转标的、条件、方式等,吸引更多市场主体参与竞争,防止暗箱操作和不正当交易。

(四) 保护资源和可持续利用原则

资源流转要注重对资源的保护和合理利用,避免过度开发和破坏性利用。在流转过程中,受让方需采取有效的保护措施,维持资源的生态功能和生产能力。例如,土地流转后,受让方应遵守耕地保护政策,不得破坏土壤结构;森林资源流转要符合林业发展规划,保障森林生态系统的完整性和稳定性。

二、农村集体经济组织资源流转的主要方式

(一) 土地资源流转方式

1. 转包

承包方将部分或全部土地承包经营权以一定期限转给同一集体经济组织的其他农户从事农业生产经营。转包后,原土地承包

关系不变，承包方与发包方的权利义务仍由原承包方承担，转包方与受转包方签订转包合同，明确双方权利义务。

2. 出租

承包方将土地承包经营权租赁给本集体经济组织以外的单位或个人从事农业生产经营。出租期限由双方协商确定，但不得超过承包期的剩余期限，出租方按合同约定收取租金，承租方享有土地的经营使用权。

3. 互换

承包方之间为方便耕种或者各自需要，对属于同一集体经济组织的土地承包经营权进行交换。互换双方应签订书面协议，并报发包方备案，互换后双方对互换土地原享有的承包权利和承担的义务也相应互换。

4. 转让

承包方有稳定的非农职业或者有稳定的收入来源，经发包方同意，将全部或者部分土地承包经营权转让给其他从事农业生产经营的农户。转让后，原承包方与发包方在该土地上的承包关系终止，受让方与发包方确立新的承包关系。

5. 入股

承包方将土地承包经营权作价出资，与其他主体共同成立农业企业、农民专业合作社等经济组织，通过股权分红获取收益。入股方式有利于实现土地的规模化、集约化经营，促进农业产业化发展。

（二）其他资源流转方式

1. 森林资源流转

包括林地使用权、林木所有权和使用权的流转。流转方式主要有转包、出租、转让、入股、抵押等。通过森林资源流转，可引入社会资本参与林业开发，提高森林资源的经营管理水平和经济效益，同时促进林业产业结构调整。

2. 水资源流转

主要涉及水域、水利工程设施的使用权流转。例如，小型水库、池塘的养殖使用权可以通过出租、转让等方式流转给其他主体，以提高水资源的利用效率，发展水产养殖等产业。此外，在符合水资源管理规定的前提下，部分地区探索开展了灌溉用水指标的有偿转让，优化水资源配置。

三、农村集体经济组织资源流转的程序

（一）前期准备

1. 资源评估

对拟流转的资源进行价值评估，确定合理的流转价格。对于土地资源，可根据土地的区位、肥力、基础设施条件等因素进行评估；对于森林资源，需考虑林木种类、生长状况、林地面积等。

2. 制定方案

农村集体经济组织根据资源评估结果和实际需求，制定资源流转方案。方案应明确流转的目的、方式、期限、价格、受让方条件等内容，并广泛征求成员意见，经村民会议2/3以上成员或者2/3以上村民代表同意后，形成书面决议。

（二）信息发布与洽谈

1. 信息发布

通过农村产权交易中心、政府网站、村务公开栏等渠道，公开发布资源流转信息。信息内容包括资源的基本情况、流转方式、流转期限、价格要求、受让方条件等，吸引潜在受让方参与。

2. 洽谈协商

流转双方就流转事宜进行洽谈协商，就流转价格、付款方

式、双方权利义务等达成初步意向。在协商过程中，农村集体经济组织应充分保障农民的知情权和参与权，确保流转方案符合农民利益。

(三) 签订合同与备案

1. 签订合同

流转双方达成一致意见后，签订书面流转合同。合同应使用规范的文本，明确约定双方的权利义务，包括流转资源的名称、位置、面积、用途、流转期限、流转价款及支付方式、违约责任等内容。合同签订后，双方应严格履行合同约定。

【相关链接】

农村集体土地流转合同范本

甲方（转让方）：＿＿＿＿＿＿＿＿＿＿＿＿

乙方（受让方）：＿＿＿＿＿＿＿＿＿＿＿＿

根据《中华人民共和国土地管理法》《中华人民共和国合同法》及有关法律法规的规定，甲乙双方在平等、自愿、公平、诚实信用的原则基础上，就甲方将集体土地流转给乙方使用事宜，达成以下合同：

第一条　土地基本情况

1.1　土地位于：＿＿＿＿＿＿＿＿＿＿（具体地址）。

1.2　土地面积：共＿＿＿＿＿＿亩，具体面积以实测为准。

1.3　土地用途：＿＿＿＿＿＿（如：种植、养殖、建设等）。

1.4　土地权属：甲方为该土地的合法所有权人，享有该土地的使用、收益和处分权。

第二条　土地流转期限

2.1　本合同约定的土地流转期限为＿＿＿＿＿＿年，自＿＿＿＿＿年＿＿＿月＿＿＿日起至＿＿＿＿＿年＿＿＿月

_____日止。

2.2 在合同期限内,乙方享有该土地的使用权,甲方不得无故收回。

第三条 流转费用及支付方式

3.1 乙方支付给甲方的土地流转费用为人民币(大写):_____元;(小写):¥_____元。

3.2 乙方支付土地流转费用的方式为:

(1) 一次性支付:乙方在本合同签订之日起_____个工作日内,将土地流转费用支付给甲方。

(2) 分期支付:乙方按照以下方式分期支付土地流转费用:

第_____期:_____年____月____日前支付人民币(大写):_____元;(小写):¥_____元。

第_____期:_____年____月____日前支付人民币(大写):_____元;(小写):¥_____元。

以此类推,直至合同约定的土地流转费用全部支付完毕。

3.3 乙方逾期支付土地流转费用的,每逾期一日,应向甲方支付应付金额的_____%的滞纳金。

第四条 土地使用权及义务

4.1 乙方在合同约定的流转期限内,享有以下权利:

(1) 按照合同约定的土地用途使用土地;

(2) 对土地进行合理开发、利用、改良和保护;

(3) 按照法律法规的规定,对土地进行流转、抵押、担保等;

(4) 在合同约定的流转期限内,享有与土地相关的合法权益。

4.2 乙方在合同约定的流转期限内,应承担以下义务:

(1) 按照合同约定的土地用途使用土地,不得擅自改变土地用途;

(2) 合理利用土地资源,保护生态环境,不得进行违法建设和污染环境;

(3) 按照法律法规的规定,及时向甲方支付土地流转费用;

(4) 在合同约定的流转期限内,不得将土地流转给第三方。

第五条 土地流转合同变更、解除和终止

5.1 在合同履行期间,如因法律法规政策调整、不可抗力等因素导致合同无法继续履行,双方可协商变更或解除合同。

5.2 在合同履行期间,如乙方未按照合同约定支付土地流转费用,甲方有权解除合同,并要求乙方承担违约责任。

5.3 合同约定的流转期限届满,双方未达成续约协议的,合同自动终止。

第六条 违约责任

6.1 任何一方违反合同约定,导致合同无法履行或造成对方损失的,应承担违约责任,向对方支付违约金,并赔偿损失。

6.2 乙方未按照合同约定的土地用途使用土地,造成土地损害的,应承担修复土地的费用,并赔偿甲方损失。

第七条 争议解决

7.1 双方在履行合同过程中发生的争议,应首先通过友好协商解决;协商不成的,可以向合同签订地的人民法院提起诉讼。

第八条 其他约定

8.1 本合同自双方签字(或盖章)之日起生效。

> 8.2 本合同一式两份，甲乙双方各执一份。
> 甲方（转让方）：_____
> 乙方（受让方）：_____
> 签订日期：_____年_____月_____日

2. 备案登记

流转合同签订后，农村集体经济组织应及时将合同报乡镇农村经营管理部门备案。对于土地承包经营权流转，还需按照规定办理相关登记手续，确保流转行为合法有效，保障流转双方的合法权益。

（四）合同履行与监管

1. 合同履行

流转双方按照合同约定履行各自的义务，受让方按照合同约定用途和方式合理利用资源，按时支付流转费用；流转方则应保证资源的完整性和可用性，为受让方提供必要的支持和服务。

2. 监督管理

乡镇政府和相关部门加强对资源流转的监督管理，定期对流转合同履行情况进行检查，防止出现擅自改变资源用途、破坏资源等违规行为。同时，建立健全纠纷调解机制，及时化解流转过程中产生的矛盾纠纷，维护农村社会稳定。

第五节 农村集体经济组织资源保护与可持续发展

一、农村集体经济组织资源保护与可持续发展的原则

（一）生态优先、绿色发展原则

将生态环境保护置于首要位置，把绿色发展理念贯穿资源管理全过程。在资源开发利用中，充分考量生态环境承载能力，优

先保护生态功能关键、环境敏感脆弱区域。例如，在生态脆弱的山区，严禁大规模无序开发，转而推广绿色生产技术，发展生态产业，实现资源利用与生态保护的良性循环，维护农村生态系统完整性与稳定性。通过建立生态保护补偿机制，激励地方在资源开发中主动落实生态保护责任，确保生态优先原则得到切实贯彻。

(二) 统筹规划、科学利用原则

依据农村资源禀赋与发展需求，科学编制资源保护与利用规划。明确不同区域资源保护目标、任务及措施，合理划定开发利用边界与强度。例如，在平原地区，结合土地利用总体规划和农业发展需求，规划建设高标准农田和现代农业产业园；在丘陵山区，则重点规划生态林建设和林下经济发展区域。统筹资源保护、开发、流转等环节，避免盲目开发与过度利用，通过建立多部门协同规划机制，整合自然资源、农业农村、生态环境等部门资源，实现资源优化配置与可持续利用。

(三) 依法依规、严格监管原则

严格遵循国家法律法规和政策要求，加强农村集体经济组织资源保护与发展监管。健全资源管理法律法规体系，加大执法力度，严厉惩处破坏资源、违规开发等行为。近年来，国家陆续出台一系列政策文件，细化资源保护与开发的法律条款，如对非法占用耕地、破坏森林资源等行为制定更严格的处罚标准。同时，完善监管机制，利用卫星遥感、大数据等技术手段，实现资源开发利用全过程动态监管，确保各项工作依法依规开展。

(四) 全民参与、共享发展原则

充分调动农村集体经济组织、农民、企业及社会组织等各方力量，形成资源保护与可持续发展合力。通过宣传教育提升公众保护意识，完善公众参与机制，保障各方知情权、参与权与监督权。例如,建立村民议事会制度,在资源开发利用决策过程中充分听取村民意见;设立资源保护举报奖励机制,鼓励公众参与监督。建立合理利益分配机制,确保农民共享资源发展成果,激发参与积极性,如通过土地入股、收益分红等方式,让农民从资源开发中获得稳定收入。

二、农村集体经济组织资源保护的内容

(一)土地资源保护

1. 耕地保护

(1)严格用途管制。落实最严格耕地保护制度,严守耕地红线,严禁违法违规占用耕地进行非农建设。强化永久基本农田特殊保护,依据《中华人民共和国土地管理法》等法律法规,规范耕地"非粮化""非农化"行为,明确耕地利用优先序,确保粮食生产根基稳定。建立耕地用途管制动态监测系统,实时监控耕地利用变化情况,对违规行为及时预警和查处。

(2)提升耕地质量。推进高标准农田建设,按照"田成方、路相通、渠相连、旱能灌、涝能排"的标准,完善农田水利、田间道路等基础设施。推广测土配方施肥、有机肥替代化肥、病虫害绿色防控等技术,减少面源污染,提升土壤肥力与耕地综合生产能力。例如,通过实施有机肥替代化肥项目,改善土壤结构,提高农产品品质和产量。

(3)加强生态修复。开展耕地轮作休耕试点,促进耕地休养生息。针对水土流失、土壤盐渍化等问题,采取工程措施与生物措施相结合的方式进行治理。如在水土流失严重地区,建设梯田、种植水土保持林;在盐渍化地区,通过灌排改良、种植耐盐植物等措施,保护耕地生态系统,维护耕地生态平衡。

2. 建设用地管理

(1)优化布局规划。结合村庄规划与土地利用总体规划,

合理安排农村建设用地,推动农村居民点集中建设,提高土地利用效率,减少对耕地与生态空间侵占。运用国土空间规划"一张图"系统,科学划定城镇开发边界、永久基本农田和生态保护红线,实现建设用地精准布局。鼓励开展村庄土地综合整治,整合闲置、零散建设用地,优化村庄空间形态。

(2)严格审批监管。规范农村建设用地审批流程,加强宅基地、集体经营性建设用地等审批管理。严禁未批先建、超面积建设,确保建设用地依法依规使用。建立农村建设用地审批联审联批制度,由自然资源、农业农村、住房城乡建设等部门联合审查,提高审批效率和准确性。同时,加强批后监管,定期开展建设用地使用情况检查,对违规建设行为依法处理。

(3)推进节约集约利用。开展农村闲置建设用地整治,盘活闲置宅基地与农房。推广节地模式与技术,鼓励建设多层住宅与发展立体农业,提高建设用地利用效率。例如,通过实施农村宅基地改革试点,探索宅基地有偿退出、流转等机制,促进闲置宅基地资源合理利用;在农业生产中,推广立体种植、养殖模式,提高单位土地产出效益。

(二)森林资源保护

1. 生态系统保护

(1)划定保护红线。将重要生态功能区、敏感脆弱森林区域纳入生态保护红线,实施严格保护,禁止破坏性开发建设,保障森林生态系统稳定。依据生态环境部发布的生态保护红线划定指南,科学确定森林生态保护红线范围,明确保护责任主体和管理要求。建立生态保护红线动态监测与评估机制,及时掌握红线内生态环境变化情况。

(2)落实采伐制度。严格执行森林采伐限额管理,对重点生态公益林禁伐,一般生态公益林和商品林限伐,确保森林资源持续增长。根据森林资源生长状况和经营目标,科学制订年度采伐计划,加强采伐作业监管,确保采伐行为合法合规。同时,鼓励开展森林抚育采伐,优化森林结构,提高森林质量。

(3)强化监测预警。构建森林资源监测体系,运用卫星遥感、无人机巡查、地面监测等手段,实时掌握森林资源动态,及时发现并查处破坏行为。建立森林资源监测大数据平台,整合多源数据,实现对森林资源的全方位、智能化监测。利用人工智能技术对监测数据进行分析,及时预警森林火灾、病虫害等灾害发生。

2. 生态修复工程

(1)植树造林与封育。加大植树造林力度,因地制宜选择树种,提高造林成活率。实施封山育林,促进森林自然恢复,扩大森林面积,提升森林覆盖率。根据不同区域的生态条件和立地类型,选择适生树种进行造林,如在干旱地区选择耐旱树种,在水土流失地区选择根系发达的树种。同时,加强封山育林管理,设置封禁标志,禁止人畜进入封禁区域,确保森林自然恢复效果。

(2)灾害防治与防控。加强森林病虫害防治与森林防火体系建设,推广生物防治等绿色防控技术,完善防火基础设施,提高灾害应急处置能力。建立森林病虫害监测预警网络,及时发现病虫害发生情况,采取生物防治、物理防治等绿色防控措施,减少化学农药使用。加强森林防火队伍建设,完善森林防火通道、瞭望塔等基础设施,提高火灾防控和扑救能力。

(3)森林质量提升。开展森林抚育与低质低效林改造,优化森林结构,增强森林生态功能与木材生产能力,打造优质森林生态系统。通过间伐、补植等措施,调整森林树种结构和密度,提高森林的抗逆性和生态服务功能。对低质低效林进行改造,选择优良树种进行更替,提高森林的经济效益和生态效益。

(三) 水资源保护

1. 水资源管理

(1) 落实管理制度。严格执行最严格水资源管理制度,严守用水总量、用水效率和水功能区限制纳污"三条红线",建立健全水资源管理考核机制。根据区域水资源承载能力,科学确定用水总量控制指标和用水效率控制指标,将水资源管理目标纳入地方政府绩效考核体系。加强取水许可管理,对新增取水项目严格进行水资源论证,确保水资源合理开发利用。

(2) 优化资源配置。科学制定水资源配置方案,加强水利基础设施建设,提高水资源调配能力,保障生活、生产、生态用水需求。建设跨区域调水工程、大中型水库等水利设施,优化水资源空间分布;推广节水灌溉、雨水收集利用等技术,提高水资源利用效率。例如,通过实施南水北调工程,缓解北方地区水资源短缺问题;在农业生产中,推广滴灌、喷灌等节水灌溉技术,减少水资源浪费。

(3) 推进节水行动。推广节水技术与器具,加强农业节水灌溉、工业节水改造和城镇生活节水管理,建设节水型社会。制定节水技术推广目录,鼓励企业和居民使用节水设备和器具。开展节水型企业、节水型社区等创建活动,树立节水榜样,引导全社会形成节约用水的良好风尚。

2. 水环境保护

(1) 饮用水水源保护。划定饮用水水源保护区,设立保护标志与隔离设施,加强巡查监测,禁止一切污染水源行为,保障饮用水安全。依据《饮用水水源保护区划分技术规范》,科学划定饮用水水源保护区范围,明确保护区管理要求。建立饮用水水源地监测预警系统,实时监测水质变化情况,确保饮用水水源地水质达标。

（2）水污染防治。治理农村生活污水、农业面源污染和工业废水，推进污水处理设施建设与运行管理，确保水质达标。在农村地区，推广分散式污水处理技术，建设小型污水处理站和人工湿地，处理农村生活污水；加强农业面源污染治理，推广测土配方施肥、农药减量控害等技术，减少农业污染物排放；加强工业废水监管，要求企业达标排放，对超标排放企业依法严肃处理。

（3）水域生态修复。保护河流、湖泊、水库等水域生态，禁止非法围垦、填湖造地。开展水生生物资源保护与增殖放流，维护水域生态平衡。实施水域生态修复工程，恢复河道生态功能，建设人工鱼礁，增殖水生生物资源。加强水域生态保护执法监管，严厉打击非法捕捞、破坏水域生态等违法行为。

三、农村集体经济组织资源可持续发展的实现路径

（一）推动资源绿色开发利用

1. 发展生态农业

推广生态种植、养殖模式，如稻渔综合种养、林下经济等，实现农业生产与生态保护协同发展。发展有机农业、绿色农产品，提高农产品附加值，打造生态农业品牌。例如，在稻渔综合种养模式中，水稻为鱼类提供栖息环境，鱼类的活动有助于疏松土壤、减少病虫害，实现水稻和鱼类双丰收。同时，通过有机认证和品牌建设，提高农产品市场竞争力，增加农民收入。

2. 培育绿色产业

依托农村生态资源，发展乡村旅游、森林康养、生态研学等绿色产业。推动农产品加工向绿色化、精细化转型，延长产业链，提升产业附加值。利用农村优美的自然风光、丰富的生态资

源和独特的民俗文化，开发乡村旅游项目，如田园观光、农事体验、民俗文化展示等；发展森林康养产业，建设森林康养基地，提供森林浴、森林食疗等服务；加强农产品加工技术创新，开发绿色、健康的农产品加工产品，如休闲食品、功能性食品等。

（二）促进资源循环利用

1. 农业废弃物利用

推进农作物秸秆、畜禽粪便等农业废弃物资源化利用，发展生物质能、有机肥生产等产业，减少环境污染，提高资源利用效率。例如，通过秸秆还田、秸秆发电、秸秆编织等方式，实现农作物秸秆综合利用；将畜禽粪便进行堆肥处理，生产有机肥，用于农业生产，减少化肥使用量，实现农业废弃物的循环利用。

2. 资源再生利用

加强农村生活垃圾、污水等处理与再生利用，推广垃圾分类与回收利用技术，构建农村资源循环利用体系。建设农村生活垃圾分拣中心和污水处理设施，对生活垃圾进行分类处理，可回收垃圾进行回收利用，不可回收垃圾进行无害化处理；对农村污水进行处理达标后，用于农业灌溉或景观用水，实现水资源的循环利用。

（三）加强科技创新与应用

1. 技术研发推广

加大农村资源保护与可持续发展领域科技研发投入，鼓励科研机构与企业合作，研发生态修复、资源高效利用等技术。建立技术推广体系，促进新技术应用。例如，开展土壤修复技术研发，针对污染土壤开发物理、化学和生物修复技术；研发高效节水灌溉设备和智能化农业生产系统，提高农业资源利用效率。通过举办技术培训班、现场观摩会等形式，将新技术推广应用到农村生产实践中。

2. 信息化建设

利用大数据、物联网、人工智能等技术，建设农村资源管理信息平台，实现资源动态监测、智能管理与精准决策。通过在农田、森林、水域等区域安装传感器，实时采集资源数据，上传至信息平台进行分析处理。利用人工智能算法对资源数据进行预测和预警，为资源管理决策提供科学依据。同时，通过信息平台实现资源信息共享，提高资源管理效率和透明度。

第五章　农村集体经济组织"三资"管理的监督机制

第一节　内部监督体系

一、内部监督的组织架构

（一）监督主体

1. 成员（代表）大会

成员（代表）大会作为农村集体经济组织的最高权力机构，在"三资"管理监督中发挥着关键作用。成员（代表）大会拥有对"三资"管理重大事项的决策权和监督权，通过审议"三资"管理年度报告，成员（代表）大会能够全面了解过去一年农村集体资金的使用情况、资产的运营状况以及资源的开发利用情况，判断其是否符合集体利益和发展规划；对重大资产处置方案的审议，能有效避免集体资产被低价贱卖或随意处置，保障资产的保值增值；在收益分配方案审议方面，确保收益分配公平合理，让每个成员都能享受到集体经济发展的成果。

2. 理事会（或管理委员会）

理事会承担着日常"三资"管理执行与监督的双重职责。在执行层面，它负责具体落实成员（代表）大会关于"三资"管理的决策，如组织开展资产运营、资源开发等工作；在监督层面，理事会需定期向成员（代表）大会汇报"三资"管理情况，接受成员（代表）的质询。

> **【相关链接】**
>
> **理事会设立的规定**
>
> 农村集体经济组织设理事会，一般由3~7名单数成员组成。理事会设理事长1名，可以设副理事长。理事长、副理事长、理事的产生办法由农村集体经济组织章程规定。理事会成员之间应当实行近亲属回避。理事会成员的任期为五年，可以连选连任。

3. 监事会（或监督委员会）

监事会是独立行使监督权的重要组织。其主要职责是对农村集体经济组织的财务账目和资产台账进行全面检查，及时发现账目记录是否规范、资产核算是否准确。当接到成员投诉时，监事会需深入调查，查明事实真相，对于发现的违规行为，及时提出整改建议，并督促相关部门和人员进行整改。

4. 财务监督小组

财务监督小组由成员代表、党员代表、村民代表等组成，具有广泛的代表性。他们定期对财务收支、资产变动情况进行审核，从不同角度审视财务数据的真实性、合法性和合理性。在重大项目中，财务监督小组参与全程监督，从项目立项、预算编制、招标采购到项目实施、验收结算，每个环节都进行严格把关，确保项目资金使用规范、资产安全。

（二）组织架构的运行机制

1. 分层监督

成员（代表）大会、监事会、财务监督小组形成了严密的三级监督链条。成员（代表）大会作为最高层级，对"三资"

管理的重大决策和整体情况进行监督；监事会在中间层级，对理事会的日常管理工作和财务状况进行监督；财务监督小组则处于基础层级，对具体的财务收支和资产变动进行监督。这种分层监督机制，既保证了监督的全面性，又明确了各层级的职责，避免了监督的重复和缺位。

2. 回避制度

为保证监督的公正性，负责集体经济组织的财会人员及其近亲属、理事会成员及其近亲属不得担任监事会成员。这一制度有效避免了利益关联可能导致的监督失效问题，防止出现"自己监督自己"的情况。

3. 定期轮换

财务监督小组成员每3年轮换一次，通过这种方式打破长期形成的利益关系，防止监督小组成员因与部分人员关系密切而影响监督工作的公正性和有效性。新成员的加入能够带来新的视角和思路，提高监督小组的活力和监督质量。

二、制度建设

（一）基础管理制度

1. 资产资源登记制度

建立动态管理台账是资产资源登记制度的核心。通过对农村集体所有的资产资源进行全面清查、登记造册，详细记录资产资源的名称、数量、规格、位置、价值、使用状况等信息，形成完整的台账资料。实行"一物一卡一码"管理，为每一项资产资源赋予唯一的卡片和编码，便于识别和管理，就像给资产资源办理了"身份证"。同时，定期更新资产状态，及时反映资产资源的增减变动、使用维护等情况，确保台账信息与实际情况一致。

2. 财务管理制度

统一银行账户管理，确保农村集体经济组织的资金集中管理,避免资金分散导致的监管困难和风险。实行联签审批制度,对于各项支出,必须由规定的多个责任人共同签字确认,才能进行资金支付,有效防止个别人员擅自挪用资金。规范收支凭证管理,要求所有收支都必须有合法、有效的凭证,凭证内容要真实、完整,注明收支项目、金额、时间、经手人等信息,并按照规定进行整理、归档,便于日后查阅和审计。

【相关链接】

村民委员会与农村集体经济组织分账管理

在"政经分离"改革进程中,村民委员会与农村集体经济组织的分账管理是保障农村集体"三资"规范运作的关键。

1. 分账管理的基本原则

(1)"三资"分离。明确资金、资产、资源归属,属于村民委员会的"三资"由村民委员会独立管理使用,用于保障村民委员会日常运转;属于村集体的"三资"则由农村集体经济组织负责,避免两者混合使用,确保管理权责清晰。

(2)账户独立。村民委员会与农村集体经济组织分别开设银行账户,严禁资金混存混用。账户名称需清晰标注主体身份,如"××村民委员会""××股份经济合作社",从源头杜绝资金管理混乱。

(3)核算独立。村民委员会依据政府会计制度分设账套,重点核算财政补助收入、公共服务支出等;农村集体经济组织按照《农村集体经济组织会计制度》独立建账,聚焦经营收入、投资收益、成员分红等收支核算,确保财务核算规范有序。

2. 分账管理的操作步骤

(1)前期准备。组建专业清产核资小组,由乡镇农业农村部门协同村民代表、村务监督委员会及村集体监事会共同构成,全面清查村集体"三资"状况。清查过程中,严格对资产进行分类登记,将经营性资产与非经营性资产,像土地、厂房等划归农村集体经济组织管理;而用于保障村民委员会正常运转的资金与资产,则明确由村民委员会负责管理。同时,制定详尽分账方案,清晰界定村民委员会与农村集体经济组织的收入来源和支出范围,村民委员会以财政拨款为主要收入,用于行政办公开支;农村集体经济组织收入多元,涵盖土地发包租金、投资收益等,支出涉及资产运营、成员分红等多个方面。

(2) 分设账户与科目。村民委员会和农村集体经济组织各自开设独立银行账户,对原混合账户予以冻结,并按照资产属性将账户内余额划拨至对应的新账户,若存在村集体资金被乡镇大量占用的特殊情形,需依据相关规定和程序,积极协商追回并完成资金正确划拨。在会计科目设置上,村民委员会遵循政府会计制度,着重设置"财政补助收入""公共服务支出"等相关科目;农村集体经济组织依照农村集体经济组织会计制度,重点设置"经营收入""投资收益""成员分红"等科目,以保障会计核算契合各自业务特性与管理需求。

(3) 收入与支出的分账管理。收入管理上,村民委员会的财政拨款、公共服务预算拨款直接进入其账户;农村集体经济组织的经营性收入、补助收入、投资收益等均由自身直接收取款项,并开具专用票据,避免资金在村民委员会中转,以此保证收入归属清晰明确。支出管理上,村民委员会的各项支出从自身账户列支,严禁调用农村集体经济组织资金;农村集体经济组织的支出需经成员(股东)代表大会审议通过后,方可从其账户支出。

(4) 资产与资源的分账管理。资产分类登记时,所有经营性资产和非经营性资产统一由农村集体经济组织进行登记造册;

而由财政投资购置、用于保障村民委员会办公需求的资产,则由村民委员会负责登记,从而实现对资产的精细化、精准化管理。在资源管理上,土地等资源归村集体所有,由农村集体经济组织承担登记、发包工作。

(5) 账务处理与同步。村民委员会与农村集体经济组织分别配备会计人员,或者由乡镇分别进行代管,在账务处理过程中,严格依据分账规则操作,防止出现科目混淆问题,以此保障账目清晰、准确反映财务状况。同时,建立定期对账与审计机制,每月对银行流水与账目进行核对,确保账实相符;每季度由村务监督委员会、村集体监事会分别对村民委员会和农村集体经济组织的原始凭证进行抽查,核查账务处理情况;乡镇每年开展一次专项审计工作,通过多维度、全方位的监督,保障分账管理工作规范执行,杜绝财务混同现象发生。

(二) 监督专项制度

1. 重大事项决策制度

明确"三重一大"(重大事项决策、重要干部任免、重大项目投资决策、大额资金使用)事项范围,使农村集体经济组织在决策时能够清晰界定哪些事项属于重大事项,需要遵循特定的决策程序。规范决策程序,一般包括提出议题、调查研究、征求意见、集体讨论、形成决议等环节,确保决策过程科学、民主、规范。实行决策终身负责制,对于因决策失误给农村集体经济组织造成损失的,无论经过多长时间,都要追究相关决策人员的责任,促使决策人员在决策时更加谨慎、负责。

2. 信息公开制度

明确公开内容清单,将农村集体经济组织"三资"管理的相关信息,如财务收支明细、资产运营情况、资源分配方案等,详细列出,确保公开内容全面、准确。规范公开方式和时限,可通过村务公开栏、微信群、农村集体"三资"管理网站等多种渠道进行公开，同时规定不同类型信息的公开时间，如财务收支情况每月公开一次，重大事项决策过程和结果及时公开等。建立查询反馈机制，方便村民对公开信息进行查询，并对村民提出的疑问和意见及时进行反馈和处理。

三、监督实施

（一）日常监督措施

1. 财务动态监控

通过与银行合作，实现对农村集体经济组织银行账户的实时监控，及时掌握资金的存入、支出、余额等情况。对大额资金流向进行追踪，分析资金的用途和去向是否合理合规，是否符合预算安排和相关规定。建立异常支出预警机制，当出现支出金额超出规定限额、支出项目与预算不符、频繁出现大额现金支出等异常情况时，系统自动发出预警，提醒相关监督人员进行调查核实。

> **【相关链接】**
>
> **农村集体经济组织银行账户的开设**
>
> 农村集体经济组织要按照有关规定开设银行账户。一个集体经济组织只能开设一个基本账户，但有土地补偿费业务的农村集体经济组织，可以再开设一个专门账户，对土地补偿费实行专户管理、专账核算。农村集体经济组织办理资金结算事项，应当实行农村集体经济组织和农村会计委托代理服务中心"双印鉴"。

2. 资产定期清查

年度全面盘点对农村集体所有的资产进行全面清查，包括固

第五章 农村集体经济组织"三资"管理的监督机制

定资产、流动资产、无形资产等,核实资产的数量、价值、使用状况等,确保账实相符。季度重点抽查则针对重点资产和关键环节进行有针对性的检查,如对租赁资产的租金收缴情况、闲置资产的管理情况等进行检查。专项检查是在特定情况下,如资产发生重大变动、出现举报线索等,对相关资产进行深入调查。

(二)信息化监督手段

1. 数字监管平台

资金在线审批系统实现了资金审批流程的线上化,从资金申请、审核到批准,都可以在系统中完成,提高了审批效率,同时便于留痕和对审批过程进行监督。资产二维码管理系统为每一项资产生成唯一的二维码,通过扫描二维码,可获取资产的详细信息,包括资产名称、规格型号、购置时间、使用部门、存放地点等,方便对资产进行盘点、清查和日常管理。资源电子地图系统将农村集体所有的土地、林地、水域等资源在电子地图上进行标注,直观展示资源的分布、面积、用途等信息,便于资源的规划和管理。

2. 智能分析系统

自动比对分析数据是智能分析系统的重要功能,它能够对农村集体经济组织"三资"管理的各类数据进行实时比对和分析,如将财务收支数据与预算数据进行比对,发现差异并分析原因;将资产变动数据与历史数据进行对比,判断资产变动是否合理。风险智能预警则通过设定风险指标和阈值,当数据达到或超过阈值时,系统自动发出预警信号,提示存在的风险。异常行为识别能够通过对数据的分析和模式识别,发现一些异常行为,如频繁的小额支出、不合理的关联交易等。

第二节 外部监督机制

一、行政监督

(一) 监督主体及其职责

1. 农业农村部门

作为农村"三资"管理的主管部门,农业农村部门承担着政策制定与业务指导的核心职责。一方面,依据国家法律法规和农村发展实际,制定"三资"管理的规范性文件,明确管理原则、流程和标准,为基层实践提供政策依据;另一方面,通过组织培训、实地调研等方式,指导集体经济组织建立健全内部管理制度,规范财务管理、资产运营和资源分配流程。同时,定期开展专项检查,对"三资"管理的合规性、有效性进行评估,及时发现并纠正管理漏洞。

2. 财政部门

财政部聚焦于财政补助资金的全流程监管。农村集体经济组织在发展过程中会获得各类财政资金支持,如乡村建设专项资金、产业扶持资金等。财政部门通过建立资金监管台账、审核资金使用计划、跟踪资金拨付进度等方式,确保财政资金专款专用,防止出现资金挪用、截留、虚报冒领等问题。同时,对资金使用绩效进行评估,保障财政资金发挥最大效益,推动农村集体经济健康发展。

3. 自然资源部门

自然资源部门主要负责对集体土地、林地、水域等资源的开发利用进行监督。在国土空间规划的框架下,严格审查集体资源开发项目的合规性,确保资源开发符合生态保护红线、永久基本农田保护等要求，防止因过度开发或违规利用导致生态环境破坏和资源浪费。此外，还对资源权属变更、土地流转等行为进行监管，保障集体资源权益不受侵害。

4. 乡镇人民政府

乡镇人民政府作为与村级集体经济组织联系最紧密的基层行政单位，承担着直接指导和监管职责。在日常工作中，对村级"三资"管理的重大经济事项进行前置审核，包括资产处置方案、资源发包合同、大额资金支出等，确保事项决策符合政策法规和集体利益。同时，设立专门的举报受理渠道，及时处理群众反映的"三资"管理问题，对违规行为进行初步调查和督促整改。

(二) 监督方式

1. 定期检查

行政监督部门每年至少开展一次"三资"管理专项检查。检查内容涵盖资金流向的真实性与合规性，通过核查银行流水、收支凭证等，确保资金使用符合规定用途；资产处置的规范性，审查资产拍卖、租赁等交易程序是否合法合规，价格是否合理；资源承包合同的完整性与履行情况，检查合同条款是否明确、双方权利义务是否对等，以及承包方是否按合同约定使用资源。通过定期检查，及时发现和纠正管理中的问题，保障"三资"安全。

2. 备案审查

要求集体经济组织将重大事项，如土地流转、大额投资、资产处置等，在决策后及时报乡镇政府备案。乡镇政府相关部门对备案材料进行合法性审查，重点审核事项决策是否经过民主程序、是否符合相关政策法规、是否存在潜在风险等。对于审查发现的问题，及时反馈给集体经济组织，要求其整改完善，从源头防范决策风险。

3. 约谈问责

对"三资"管理混乱、问题突出的集体经济组织负责人，由乡镇政府或相关行政主管部门进行约谈，明确指出存在的问题，提出整改要求和期限，并跟踪整改落实情况。对于情节严重、拒不整改或造成重大损失的，及时将问题线索移交纪检监察机关，依法依规追究相关人员责任，形成有力的监督震慑。

二、审计监督

（一）审计主体

1. 政府审计机关

县级及以上审计部门凭借其权威性和专业性，对农村集体经济组织的财政资金使用情况进行全面审计。政府审计机关依据国家审计法规和相关政策，对财政资金的分配、拨付、使用等环节进行严格审查，确保资金使用规范、效益良好。同时，对财政资金管理的制度执行情况进行监督，发现并纠正制度漏洞，提高财政资金管理水平。

2. 第三方审计机构

为增强审计的独立性和专业性，许多地方引入会计师事务所等第三方审计机构对"三资"管理进行独立审计。第三方审计机构以市场化运作方式，按照审计准则和业务规范，对集体经济组织的财务收支、资产运营、资源管理等进行客观公正的审计评价，出具独立审计报告，为政府监管和集体经济组织决策提供专业参考。

（二）审计内容

1. 财务审计

财务审计重点核查集体经济组织账目是否规范，包括会计凭证、账簿、报表的真实性、完整性和准确性。审查各项支出是否合理，是否符合财务制度和预算安排，是否存在虚列支出、套取资金等问题。同时，严查"小金库"现象，防止集体资金体外循环，保障财务信息真实可靠，维护集体资金安全。

2. 绩效审计

绩效审计着眼于评估集体资产经营效益，对投资项目的收益率、资源开发利用的可持续性等进行分析评价。通过对比预期目标与实际成果，分析影响效益的因素，提出改进建议，促进集体经济组织优化资产配置，提高经营管理水平，实现集体资产的保值增值。

3. 专项审计

针对征地补偿款、扶贫资金、乡村振兴专项资金等特定项目开展专项审计。专项审计聚焦资金的专款专用情况，审查资金分配是否公平合理、使用是否精准高效，确保专项资金真正用于保障农民利益和推动农村发展，防止资金被挪用、侵占或滥用。

(三) 审计结果运用

1. 公开通报

审计结束后，审计结果及时向集体经济组织成员（代表）大会公示，接受群众监督。同时，在村务公开栏、政府网站等平台进行公开通报，增强审计工作透明度，让群众了解"三资"管理现状和问题整改情况，保障群众的知情权和监督权。

2. 整改落实

对审计发现的问题，向集体经济组织下达整改通知书，明确整改要求和期限。集体经济组织需制定详细的整改方案，逐项落实整改措施，并在规定时间内提交整改报告。审计部门对整改情况进行跟踪检查，确保问题整改到位，避免屡审屡犯。

3. 责任追究

对于审计中发现的违法违纪行为，及时将问题线索移交纪检监察或司法机关处理。依法追究相关责任人的党纪政纪责任和法律责任,形成"查处一个、教育一片"的警示效应,维护审计工作的严肃性和权威性。

三、社会监督

(一) 群众监督

1. 村务公开

集体经济组织严格按照规定,定期公开"三资"管理情况,包括财务收支明细、资产变动情况、资源承包方案及收益分配等信息。通过村务公开栏、村民微信群、村级网站等多种渠道,确保信息公开的及时性、全面性和准确性,保障村民对"三资"管理的知情权,为村民监督提供基础条件。

2. 举报制度

设立专门的举报电话、信箱和网络平台,鼓励村民对"三资"管理中的违规行为进行实名举报。对举报线索进行规范登记、及时受理和认真核查,保护举报人合法权益。对经查实的违规行为,依法依规严肃处理,并将处理结果反馈给举报人,增强群众监督的积极性和信心。

【相关链接】

农村集体经济组织"三资"管理的举报范围

(一) 农村集体经济组织资金管理方面

财务管理制度执行不到位,侵吞、挪用、截留、套取集体资金行为,特别是私设"小金库"、私设账外账、公款私存、多报少支、违规发放补贴、隐瞒收入、坐收坐支等问题;报账手续不全、乱报支出、"白条"抵库、虚报套取、无票据入账等问题;村级报账透支问题。

（二）农村集体经济组织资产资源管理方面

农村集体经济组织资产资源家底不清、权属不明、账实不符、流失严重等问题；贪占挪用、监守自盗、违规处置集体资产资源，以及资产资源低价对外发包、超过承包期限发包和资产资源发包收入长期不兑现、不足额入账等问题；村级工程项目建设、资产资源交易未按规定公开发包等；党员干部和公职人员违规参与和干预农村集体经济组织资产资源承包经营或者违规合同整改等问题；村干部利用工程套取资金、收受贿赂、优亲厚友、违规承揽和转包本村工程等问题。

（三）农村集体经济组织"三资"监管监督方面

农村集体经济组织"四议两公开"制度落实不到位，村级财务公开不全面、不及时，民主理财流于形式等问题；监管部门对集体资金监管不力，审核不严、违规出借、挪用等问题；农村集体经济组织"三资"审计避重就轻，流于形式、走过场，以及移交问题处理避重就轻等问题。

（四）农村集体经济组织债务方面

举债兴办公益事业、以虚假债务核销不合理开支、长期挂账不还、个人债务转嫁村集体等问题；因吃喝招待、请客送礼、滥发补助等非生产性开支形成的债务问题；村集体以举债方式购买理财产品或投入平台公司等经营主体的问题。

（五）农村集体经济组织工程项目方面

工程项目采购或招投标不履行民主决策程序、招投标程序、虚假招投标、暗箱操作、围标串标、操纵交易等问题，利用工程项目套取资金、优亲厚友、收受贿赂等问题。

（六）农村集体经济组织"三资"领域群众反映强烈的其他方面

村办企业、村办专业合作社等经营主体管理不善、运行不良、效益低下，村集体经济组织投资第三方经营主体无收益，村集体经济组织投资第三方经营主体未经民主决策等问题。

3. 村民议事会

通过村民议事会、听证会等民主形式，组织村民参与重大事项决策的监督。在决策过程中，充分听取村民意见和建议，对决策方案进行讨论和完善，确保决策符合集体利益和大多数村民意愿。同时，对决策执行情况进行跟踪监督，及时发现并纠正执行过程中的问题。

(二) 媒体监督

1. 舆论曝光

媒体发挥舆论监督作用，对"三资"管理中的突出问题进行客观报道，揭露违规操作、腐败现象等，引起社会关注。通过舆论压力，推动相关问题的整改落实，促使责任主体依法依规履行职责，维护农村集体经济健康发展环境。

2. 阳光平台

利用微信公众号、短视频平台等新媒体，搭建"三资"信息公开平台。及时发布集体经济组织的重要决策、财务收支、资产资源状况等信息，以通俗易懂的形式向社会公众展示，增强信息透明度，扩大社会监督覆盖面，提升群众参与度。

(三) 社会组织监督

1. 农民专业合作社协会

农民专业合作社协会作为行业组织，通过组织交流活动、开展业务培训等方式，对集体经济组织的经营管理提出建议。协会发挥行业自律作用，引导成员单位规范管理行为，推广先进管理经验，促进农村集体经济组织之间的合作与发展，提升行业整体管理水平。

2. 公益组织

公益机构通过开展调研、培训等活动，帮助农村居民提升"三资"管理监督能力。通过组织法律知识讲座、财务管理培训等，增强村民的法律意识和监督技能；开展实地调研，了解"三资"管理现状和问题，向政府部门和集体经济组织提出改进建议，推动农村基层治理体系完善。

四、司法监督

（一）纪检监察监督

1. 纪律检查

纪委监委对"三资"管理中的腐败问题进行严肃查处，重点打击侵占、挪用集体资产，利用职权谋取私利等违法违纪行为。通过专项整治、信访举报核查等方式，深挖问题线索，对涉案人员依法依规进行党纪政纪处分，形成强大震慑，维护农村集体经济管理秩序。

2. 监察建议

针对"三资"管理中暴露的制度漏洞和管理缺陷，纪委监委提出监察建议，督促相关部门和集体经济组织完善管理制度，规范权力运行流程，加强廉政风险防控。通过监察建议的落实，推动建立健全长效管理机制，从源头上预防腐败问题发生。

（二）司法诉讼

1. 民事诉讼

当集体经济组织成员发现集体利益受到侵害时，有权依法提起民事诉讼，要求侵权方承担赔偿责任。通过民事诉讼程序，维护集体和成员的合法权益，对侵害集体资产的行为进行法律制裁，保障集体经济组织的财产安全和正常运营。

2. 刑事诉讼

对于涉嫌贪污、挪用集体资金等犯罪行为，司法机关依法追究刑事责任。通过刑事立案、侦查、起诉和审判等程序，对犯罪嫌疑人进行严厉惩处，彰显法律威严，维护农村社会经济秩序稳定。

（三）法律援助

1. 法律顾问

集体经济组织聘请专业法律顾问，为合同签订、纠纷处理、决策咨询等提供法律意见。法律顾问协助集体经济组织审查合同条款，规避法律风险；在遇到法律纠纷时，提供专业的诉讼或非诉讼解决方案，保障集体经济组织合法权益。

2. 司法救助

为经济困难的成员提供法律援助，帮助其通过法律途径维护自身在"三资"管理中的合法权益。司法救助机构为符合条件的当事人提供免费的法律咨询、代理诉讼等服务，降低维权成本，确保法律面前人人平等，推动农村法治建设。

第六章 农村集体经济组织"三资"管理的法律风险防范

第一节 农村集体经济组织资金管理的法律风险防范

一、风险分析

（1）农村集体经济组织及其成员违规开设银行账户，坐收坐支、设立账外账、小金库、公款私存，以及截留、侵占集体资金的，涉及侵占款物超过6万元的，构成职务侵占罪，判处5年以下有期徒刑或者拘役。超过100万元的，判处5年以上有期徒刑。

（2）不按规定进行村收益分配，村干部报酬、补贴、管理费、接待费、会议费等非生产性开支超过规定标准或违规发放福利、用农村集体资金支付应由个人负担费用，由乡、镇人民政府责令退赔；构成犯罪的，依法追究刑事责任。

（3）将村集体现金、存款擅自出借给他人使用或者提供经济担保的，涉及数额超过10万元，且超过3个月未归还，以挪用资金罪定罪，处3年以下有期徒刑或者拘役，涉及款项1 000万元以上的，处3年以上10年以下有期徒刑。

（4）在政府拨付和接受社会捐赠的各类用于救灾、抢险、防汛、优抚、扶贫、移民等救济款物、补贴补助资金、物资以及退耕还林款物、征地补偿费使用分配发放等方面违规操作、挪用，或者弄虚作假、为本人或他人牟取不正当利益的，挪用数额超过5 000元的，或者造成国家、人民群众损失数额5万元以上的，构成挪用特定款物罪，将被处以3年以下有期徒刑或者拘役；情节严重的，处3年至7年有期徒刑。

（5）违规以农村集体名义进行筹资、对外投资、债权减免、对外捐赠、对外借款，或者擅自以集体名义为他人提供担保或者进行折价入股、合作建设等经营，造成集体资产流失的，由乡、镇人民政府或者集体资产管理工作行政主管部门责令赔偿损失；构成犯罪的，依法追究刑事责任。

（6）未按规定审核原始凭证给予记账核算或对不规范原始凭证给予入账的，未按会计制度要求进行会计核算或因会计核算错误造成经济损失的；不设、私设会计账簿的；拒绝提供账簿、凭证等相关账目的；伪造变造会计账簿的；隐匿或者故意销毁会计凭证、账簿、会计报告的，应追究刑事责任，处5年以下有期徒刑或者拘役，并处或单处2万元以上20万元以下罚金。

二、风险防范

（1）农村集体所有收入必须及时存入乡镇村级会计委托代理服务中心基本账户，实行票款同行账款相符、账实相符。不得坐收坐支、公款私存，严禁资金不入账，搞"体外"循环。

【相关链接】

实行农村会计委托代理的原则

1. 充分尊重农村集体经济组织成员意愿

农村集体经济组织成员是集体资产的所有者和农村事务的参与主体，充分尊重其意愿是推行农村会计委托代理服务的首要前提。这一原则要求在实施会计委托代理前,需通过村民会议、村民代表会议等民主形式,广泛征求成员意见,确保服务模式的推行得到绝大多数成员的理解与支持。只有充分尊重成员意愿,才能保障村民的知情权、参与权和决策权,增强村民对会计委托代理服务的认同感和配合度,避免因服务推行引发矛盾纠纷,为农村会计委托代理服务的顺利开展奠定坚实的群众基础。

2. 坚持集体资产"五权"不变

坚持集体资产所有权、使用权、审批权、收益权和监督权不变,是农村会计委托代理服务的核心要义。集体资产所有权归农村集体经济组织全体成员,任何情况下不得因委托代理改变其归属性质;使用权方面,集体经济组织可根据发展需求,在合法合规范围内自主决定资产使用方式;审批权由村级组织按内部流程行使,代理机构凭审批手续进行账务处理,不合规业务有权拒办;收益权确保集体资产产生的收益归全体成员,用于集体发展和成员福利;监督权赋予成员及民主监督组织对财务等情况的监督权力,同时接受上级和相关机构监督。各权相互关联,共同保障村级组织在委托代理模式下仍能独立自主开展经济活动,维护集体和成员的合法权益,确保农村集体经济健康稳定发展。

3. 确保村级组织独立开展经济活动

农村会计委托代理服务的目的是规范农村财务管理,而非限制村级组织经济活动的开展。在坚持集体资产"五权"不变的基础上,应充分保障村级组织独立开展经济活动的权利。村级组织可依据市场需求和自身发展规划,自主谋划产业发展项目、开展经济合作、签订经济合同等。代理机构通过提供专业的财务咨询、会计核算和财务监督服务,帮助村级组织规范经济活动流程,防范财务风险,提高经济活动的规范性和效益性。

（2）农村集体经济组织在收到属于集体资金来源收入时，必须开具规范的票据手续，加盖单位印章以及相关财务人员、收款人员印章，做到手续齐全，进行入账处理，杜绝"白条"抵库。

（3）严禁公款私存、私设小金库。票据管理要定期与开户银行核对账目，定期盘点库存现金，做到日清月结。

（4）规范财务管理，村级财务收支必须坚持"六有"原则：有正规发票，有经办人签字，有用途说明，有财务人员审查，有主管领导审批，大额支出应有村民理财小组的审核意见。杜绝违规操作，实现农村财务管理的规范化，统一账册，统一科目，统一账簿、单据、记账凭证和报表，设立现金日记账、总分类账和明细账。

（5）完善财务开支审批制度。财务开支必须取得符合规定的原始凭证，有经手人、证明人和审批人签名，同时注明开支用途。属于购入支出的，必须取得税务部门正规发票；属于劳务性支出的，必须取得由县级有关部门统一印制的规范凭证。所有财务开支在规定记账前都必须履行民主理财小组集体审核，审核同意后，由民主理财小组组长签字（盖章），报经主管财务的负责人审批同意并签字（盖章），由会计人员审核记账。财务流程完成后，要按照财务公开程序公开，接受全体成员监督。

（6）准确划分收入的性质和界限。不得将土地拆迁补偿费用、借入款项、预收款项、"一事一议"资金、上级拨付有特定用途的往来性质的专款等款项作为村级组织一般性收入进行核算，应作为村级组织专款专账核算，并依法公布收支情况并接受监督。

（7）加强农村集体经济组织债权债务的管理。建立债权债务明细账，每年度核实清理农村集体经济组织的债权债务，做到账账、账实相符，不准产生建设项目账外债务现象。

第二节　农村集体经济组织资产管理的法律风险防范

一、风险分析

（1）基建工程项目、大额集体资产购置、拍卖、转让、发包、租赁，以及应收款项、投资款项增减，未经民主决策先行实施或未经招投标管理的，可能会导致合同无效或者被撤销，应当由县级农业行政主管部门责令改正；造成经济损失的，应当依法予以赔偿，并可对直接责任人处以罚款。

（2）未按要求制定村经济合作社年度财务收支预算和年终财务决算，或验收及决算项目未经村集体讨论决定的，可能导致底数不清、管理不规范、产权交易监管不到位，容易为场外交易，暗箱操作，违规出租、发包、经营集体资产提供空间。

（3）未建立健全村经济合作社财务管理和民主监督制度的，处置、招投标结果未及时向群众公布的。

（4）将农村集体资产租赁或往外承包、抵押、联合经营、合作经营、入股企业时未经评估的，导致出现经济纠纷时无法确定损失，从而造成集体财产流失。

（5）无正当理由拒绝与农村产权交易人签订合同，或者擅自与交易人另行订立背离合同实质性内容协议的，需承担相应责任。对农村集体资产租赁类、经营类、承包类合同进行单方面解除的，需承担违约责任并赔偿损失。

（6）农村集体资产对外租赁签订合同时超出法定租赁最高期限20年的。依据《中华人民共和国民法典》等法律法规的相关规定，租赁合同期限最高不得超过20年。超过20年的，超过部分无效。因合同无效形成的损失，依据当事人过错进行赔偿。

（7）对农村集体资产不按照类别建立固定资产台账，不及时记录资产增减变动情况，没有定期对资产进行清查的，容易造成集体资产流失或滋生腐败现象。

（8）对农村集体资产实行承包、租赁、出让、经营的，不对合同的履行情况进行监督检查，也不公开合同履行的情况，或对所收取的承包费、租赁费或者股份收益不纳入账内核算，无法及时掌握集体资产状况，存在集体资产损失的风险。

（9）擅自将农村集体自有资产抵账、抵债处理，可能因违反相关法律规定或者损害他人利益被撤销、认定无效，从而造成损失扩大。

二、风险防范

（1）农村集体经济组织投资项目的招标，由村民委员会提出招标方案，经村党支部讨论通过后，提交村民会议或村民代表会议讨论决定，再由村民委员会以公告形式向社会公布方案，并按规定时间开标。开标会由竞投者及村务管理人员、村民小组长、部分村民代表参加，开标结果应当场公布。

（2）集体经济组织全年财务（资金）预决算方案，必须坚持"实事求是、量入为出、以收定支、略有节余"的原则。在年初编制预算方案时，要按照民主程序形成决议，并做到张榜公布，报镇人民政府相关管理部门备案。年度终结时，集体经济组织应当及时进行决算，并将年度内预算方案执行情况和决算结果向全体成员公布和说明。

（3）集体经济组织应当定期向本集体经济组织成员公布"三资"运营情况，听取本集体经济组织成员对集体"三资"管理工作的意见和建议，接受全体成员的监督。村务公开监督小组

第六章 农村集体经济组织"三资"管理的法律风险防范

或者民主理财小组应当对集体"三资"管理的事项进行监督，对其使用、维护和收益分配不当的提出整改意见。

(4) 集体经济组织以招标投标方式承包、租赁、出让集体资产，以参股、联营、合作方式经营集体资产，集体经济组织实行产权制度改革、合并或者分设等，应当进行资产评估。评估由农村经营管理部门或具有资质的单位实施。评估结果要按权属关系，经集体经济组织成员的全体村民会议或村民代表会议确认。

(5) 如因各种问题确实需要单方解除合同的，应首先与合同相对方平等协商变更或者解除合同。在协商无果的情况下，就合同解除方面收集证据，利用法定、诉讼程序合理解除。

(6) 签订租赁合同时应不得超过20年最高期限，对有长期租赁经营需要的租户，可采取分段租赁、设置优先权的方式。

(7) 对集体所有的房屋、建筑物、机器、设备、工具、器具和农业基本建设设施等固定资产，要按资产的类别建立固定资产台账，及时记录资产增减变动情况。对不按照要求对集体资产进行管理的人员，应由行政主管部门责令改正；造成损失的，应当追究行为人和责任人的相关责任；构成犯罪的，追究刑事责任。

(8) 集体资产实行承包、租赁、出让经营的，要加强合同履行的监督检查，公开合同履行情况；收取的承包费和租赁金归集体经济组织所有，纳入账内核算，做到账实、账款相符。

(9) 严格限制以物抵债。杜绝在债务履行期限届满前与债权人约定以物抵债。如确需对到期不能履行的债务以物抵债，或者以物抵债有利于保护集体利益的，应按照民主决策程序，经公示、评估等，在民主监督下进行，并登记备案入账。

第三节　农村集体经济组织资源管理的法律风险防范

一、风险分析

（1）农村集体经济组织对外发包土地、池塘、山林等村集体资源经营权时不签订书面合同，或者签订书面合同时对合同内容约定不明，可能导致无法依据合同追究违法违约承包方的违约责任，使集体权益遭受重大损失。

（2）以家庭承包方式进行承包的，承包合同中约定了可随时解除、变更合同，或设立调整承包地、收回承包地等条款。设立有关条款的，该条款无效；给承包户造成损失的，应承担赔偿责任。

（3）农村集体经济组织强迫承包方将土地承包经营权流转的，根据《中华人民共和国农村土地承包法》第五十七条、《最高人民法院关于审理涉及农村土地承包纠纷案件适用法律问题的解释》第十二条第一款之规定，该流转无效。侵害承包方土地承包经营权的责任人应当承担民事责任，对擅自截留、扣缴流转收益的行为应予查处并退还款项。农村集体经济组织应将被强迫流转的承包地归还原承包农户，由其自主决定是否继续流转。

（4）依据自制的村规民约或惯例，擅自剥夺、侵害妇女的农村土地承包权益的，应由镇人民政府予以纠正。此类违法行为给妇女权益造成损失的，应当进行赔偿。

（5）在集体资金使用、集体经济项目和工程建设项目立项及发包活动中暗箱操作，为本人或他人谋取私利的，泄露农村集体资产交易相关保密情况或资料、恶意扰乱交易程序，或与他人串通损害农村集体利益的，违背强制性法律规定的，缔约合同无效;造成当事人损失的,应当承担赔偿责任。

(6)在管理农村资源的过程中,采取暴力、威胁或者违反规定中断供水、供热、供气、供电和道路通行等非法方式迫使被征收人拆迁,造成损失的,依法承担赔偿责任。直接负责的主管人员和其他直接责任人员,构成犯罪的,依法追究刑事责任;尚不构成犯罪的,依法给予处分;构成违反治安管理行为的,依法给予治安管理处罚。

(7)对农村集体资源以及实行承包、租赁经营的集体资源不进行逐项记录,不建立集体资源登记簿的。

(8)将集体建设用地收益用于发放干部报酬、支付招待费,不进行专项管理,不纳入账内核算。在此过程中,农村集体资产管理工作人员滥用职权、徇私舞弊、玩忽职守造成农村集体资产损失的,应当依法赔偿,并由有关部门对直接责任人给予行政处分;构成犯罪的,依法追究刑事责任。

二、风险防范

(1)集体资源的承包、租赁应当签订书面协议,统一编号,实行合同管理。合同应当使用统一文本,明确双方的权利、义务、违约责任等。经济合同及有关资料应及时归档,并报乡镇农村经营管理站备案。

(2)家庭承包方式的承包权流转应遵循自愿有偿原则,村集体不得以强迫或者变相强迫的方式实施侵害承包户权益的行为。

(3)对于因特殊自然灾害确实需要调整承包地的,应通过民主决策程序进行。

(4)对于进城落户等情形的承包户,可以引导其按照自愿、有偿原则在本集体经济组织内转让承包权或交回承包地,或者鼓励其进行流转。

（5）妇女离婚或丧偶后仍在原居住地生活的，原居住地应保证其有一份承包地。丧偶或离婚后不在原居住地生活、其新居住地还没有为其解决承包土地的，原居住地所在村应保留其土地承包权。

（6）未按照法定及民主决策程序发包、缔约合同的，违背强制性法律规定的，缔约合同无效；造成当事人损失的，应当承担赔偿责任。

（7）不能强行实施征地，对于群众提出的合理要求，应当依法妥善予以解决。在拆迁行为发生前，应当依法制定征收告知书、拆迁告知书、赔偿告知书。

（8）法律规定属于集体所有的土地、林地、草地、荒地、滩涂等集体资源，应当建立集体资源登记簿，逐项记录。资源登记簿的主要内容包括：资源的名称、类别、坐落、面积等。

（9）农村集体建设用地收益要纳入账内核算，严格实行专户存储、专账管理、专款专用、专项审计监督，主要用于发展生产、增加集体积累、集体福利和公益事业等方面，改善农民的生产生活条件，不得用于发放干部报酬、支付招待费用等非生产性开支。

（10）农村集体经济组织资源实行租赁、承包或出让的，应当制定相关方案，明确资产的名称、数量、用途，承包、租赁、出让的条件及其价格，经农村集体经济组织成员会议或成员代表会议决定后，采取公开竞价等方式进行，并签订书面合同；价值较大的资源处置，必须聘请专业单位和人员参与。

第七章 农村集体经济组织"三资"管理的数字化建设

第一节 "三资"管理数字化平台的构建

一、"三资"管理数字化平台的顶层设计

(一) 推行国家主导的平台建设模式

国家层面应发挥统筹引领作用,推行国家主导的农村集体"三资"管理平台建设模式。由中央财政统筹专项资金,为平台建设提供坚实的资金保障,这不仅能够减轻基层在平台构建及后续维护过程中的财政压力,还能避免因地方财政差异导致的平台建设水平参差不齐。通过统一规划与建设,实现资源的集约化利用,降低建设成本,提高资金使用效率。在平台建设过程中,中央财政资金的投入可集中用于关键技术研发、核心系统搭建、硬件设施采购等方面,确保平台具备先进的技术架构和稳定的运行环境。

(二) 实现业务流程再造与跨部门协同

业务流程再造是数字化平台高效运行的基础。需对涉及"三资"管理的部委、乡镇、基层部门、村庄等各级机构的业务流程进行梳理与优化,打破部门间的信息壁垒和业务隔阂。通过整合各部门的数据接口,构建跨部门协同管理矩阵,实现数据的实时

共享与业务的协同联动。例如,财政部门的资金拨付数据、农业农村部门的资源管理数据、审计部门的监督数据等能够在平台上互通,使得各部门在"三资"管理过程中能够及时获取所需信息,提高决策的科学性和准确性。同时,协同管理矩阵的建立还能明确各部门在"三资"管理中的职责与权限,避免出现管理空白或交叉管理的现象。

(三)构建全国统一的农村要素交易市场

搭建全国统一的农村要素交易系统是数字化平台顶层设计的重要目标。通过制定标准化的数据接口,对接全国各类农村要素交易平台,包括农村土地流转平台、农村产权交易平台等,将分散的农村要素市场整合为一个整体,打造全国统一的农村要素交易市场。这一市场的构建能够促进农村资源要素的自由流通,提高资源配置效率。例如,农村土地资源可以通过全国统一的交易市场,实现与更广泛的市场主体对接,吸引更多的社会资本参与农村建设;农村集体资产也能够在更大范围内寻找合适的投资者,实现资产的保值增值。同时,统一的交易市场还能规范交易行为,减少交易纠纷,保障农村集体经济组织和农民的合法权益。

二、"三资"管理平台的功能模块开发

(一)构建资金管理智能系统

1. 建立电子账务系统

资金管理智能系统的核心是电子账务系统,它能够实现资金收支的电子化记录与管理。通过该系统,农村集体经济组织的每一笔资金收入和支出都能被详细记录,包括资金来源、用途、金额、时间等信息,确保账目清晰、透明。电子账务系统还具备自动生成财务报表的功能,如资产负债表、收支明细表等,方便财

第七章 农村集体经济组织"三资"管理的数字化建设

务人员进行财务管理和数据分析,也便于上级部门和村民对资金使用情况进行监督。

2. 支持在线支付与结算

引入电子支付平台,实现资金的在线支付与结算功能。在线支付与结算能够实时监控资金流动,每一笔交易都能在系统中留下清晰的记录,有效防止资金挪用和贪污等问题的发生。同时,利用大数据技术对资金使用情况进行分析,通过对资金流向、流量、使用频率等数据的挖掘,能够发现资金使用规律,为资金的合理配置和决策提供支持。例如,通过分析资金使用数据,可以判断哪些项目资金使用效率较高,哪些项目存在资金浪费现象,从而调整资金分配策略。

(二) 搭建资产管理物联体系

1. 构建资产登记系统

资产管理物联体系首先要建立完善的资产登记系统,形成电子化资产台账。资产登记系统详细记录资产的数量、价值、使用状态、购置时间、存放地点等信息,实现对资产的全面管理。通过扫描资产二维码或条形码等方式,能够快速获取资产的详细信息,方便资产的查询和盘点。电子化资产台账还能实时更新资产变动情况,确保资产信息的准确性和及时性。

2. 实现资产实时监控与智能管理

借助物联网技术,对资产进行实时监控。在资产上安装传感器等设备,能够实时采集资产的使用情况、运行状态等数据,并将数据传输到平台上。通过对这些数据的分析,能够及时发现资产的异常情况,如设备故障、资产闲置等,并采取相应的措施进行处理。同时,构建资产处置平台,实现资产出租、出售等处置行为的在线管理。资产处置平台对处置流程进行规范,从资产处置申请、评估、公示到交易完成,全部在线上进行,确保资产处置公开透明,防止资产流失。

(三)推进资源管理数字化建设

1. 建立自然资源数据库与 GIS 规划系统

资源管理数字化建设首先要建立自然资源数据库,对农村的土地、林地、水域等自然资源进行全面登记。数据库详细记录自然资源的位置、面积、权属、用途等信息,并利用 GIS 进行可视化展示和科学规划。通过 GIS,可以对自然资源的分布情况进行分析,合理规划资源开发利用方案,避免资源的过度开发和浪费。例如,在土地资源开发过程中,GIS 能够根据土地的地形、土壤条件等因素,为农业种植、工业建设等不同用途提供合理的规划建议。

2. 利用传感器与遥感技术实现动态监控

借助传感器和遥感技术,对自然资源的使用情况进行实时动态监控。传感器可以安装在自然资源现场,实时采集资源的相关数据,如土壤湿度、水质指标等;遥感技术则能够从宏观层面获取资源的变化情况,如土地利用变化、森林覆盖变化等。通过对这些数据的分析,能够及时发现资源使用过程中的问题,如非法占用土地、污染水域等,并采取相应的措施进行制止和处理,保护农村自然资源。

三、推进数字平台智能化

(一)构建智慧管理系统

构建具备时空数据分析能力的智慧管理系统,是提升"三资"管理智能化水平的关键。该系统综合考虑政策导向、市场需求、居民消费价格指数(CPI)等多种因素,对农村集体资产现值进行自动估算。通过对历史数据和实时数据的分析,结合市场变化趋势,能够准确评估资产的价值,为资产的管理和运营提供科学依据。例如，在资产处置过程中，智慧管理系统能够根据资产现值估算结果，为资产定价提供参考，避免资产低价出售或高价估值的情况发生。同时，智慧管理系统还能对"三资"管理的各项业务进行预测和预警，如资金短缺预警、资源开发风险预警等，帮助管理者提前做好应对措施。

（二）建立智能交易建议引擎

基于全国数字化平台的交易数据，训练智能交易建议引擎的推荐模型。该引擎能够根据农村集体"三资"的特点和市场需求，为交易提供最优建议。在农村土地流转、资产出租出售等交易过程中，智能交易建议引擎通过分析大量的历史交易数据和市场动态信息，为交易双方提供合理的交易价格、交易方式、交易时间等建议，提高交易的成功率和效益。例如，在农村土地流转交易中，引擎能够根据土地的地理位置、土壤质量、市场需求等因素，为流转双方提供合适的流转价格和期限建议，促进土地资源的合理配置。同时，智能交易建议引擎还能不断学习和优化推荐模型，随着交易数据的不断积累和市场环境的变化，提高建议的准确性和实用性。

第二节 数字化管理的实施与应用

农村集体经济组织"三资"管理数字化平台构建完成后，其实施与应用是将平台功能转化为实际管理效能的核心环节。通过完善制度保障、优化管理流程、拓展应用场景、深化数据利用等举措，能够切实提升"三资"管理的规范化、透明化和高效化水平，推动农村集体经济高质量发展。

一、完善制度保障体系

(一) 制定数字化管理规范

结合数字化平台的功能和特点,制定专门的"三资"管理数字化操作规范和流程标准。明确资金收支登记、资产变动申报、资源流转审批等各项业务在数字化平台上的操作细则,确保基层管理人员能够按照统一标准进行业务处理。规范数据录入的格式、内容和时间要求,保证数据的准确性和完整性。同时,建立数据质量考核机制,对数据录入错误、更新不及时等问题进行责任追究,促进数据质量的提升。

(二) 建立协同工作制度

为实现跨部门、跨层级的协同管理,建立健全协同工作制度。明确各部门在"三资"数字化管理中的职责和分工,规定信息共享、业务协作的流程和时限。例如,财政部门负责资金拨付数据的及时上传,农业农村部门提供资源管理的基础数据,审计部门定期对平台数据进行监督审计等。通过建立联席会议制度、工作沟通机制等,加强部门间的沟通与协调,解决协同工作中出现的问题,提高工作效率。

(三) 完善监督问责制度

在数字化管理模式下,完善监督问责制度至关重要。建立内部监督与外部监督相结合的监督体系,内部监督由农村集体经济组织内部的监督机构负责,定期对"三资"管理业务进行检查和审计;外部监督通过公开平台数据、设立举报渠道等方式,接受村民、社会公众和相关部门的监督。明确违规操作的界定标准和处罚措施,对在"三资"数字化管理过程中出现的虚报数据、违规审批、滥用职权等行为进行严肃问责,确保管理工作依法依规进行。

二、优化数字化管理流程

（一）资金管理流程优化

在资金管理方面，依托数字化平台优化资金收支流程。将传统的线下审批流程转移到线上，实现资金支出申请、审核、审批的电子化流转。申请人在平台上提交资金支出申请，附上相关凭证和说明，审核人、审批人通过平台进行在线审核和审批，系统自动记录审批过程和结果。同时，对资金收入进行实时监控，资金到账后系统自动提醒相关人员进行确认和登记，确保资金及时入账。通过优化资金管理流程，减少人为干预，提高资金管理的效率和透明度。

（二）资产管理流程优化

资产管理流程的优化主要体现在资产全生命周期管理上。利用数字化平台实现资产从购置、使用、维护到报废的全过程管理。资产购置时，在平台上进行采购申请、审批和招标流程；资产使用过程中，通过物联网设备实时监控资产运行状态，系统自动生成维护提醒；资产报废时，在平台上提交报废申请，经过评估和审批后完成报废处理。同时，建立资产清查定期化机制，通过平台生成清查任务和清单，清查人员使用移动终端进行实地盘点，数据实时同步到平台，实现账实核对的自动化和高效化。

（三）资源管理流程优化

资源管理流程的优化重点在于资源开发和流转的规范化。在资源开发方面，项目申报、审批、实施等环节全部在数字化平台上进行。开发者在平台上提交资源开发项目申请，附上项目规划和可行性报告，相关部门通过平台进行审批和监管。在资源流转方面，发布流转信息、洽谈协商、签订合同等流程都在平台上完成。平台对流转双方的资质进行审核，确保流转行为合法合规。

同时，利用 GIS 和遥感技术，对资源开发和流转过程进行动态监测，及时发现和处理违规行为。

三、拓展数字化管理应用场景

（一）村务公开与民主监督

将数字化平台作为村务公开的重要载体，定期在平台上发布"三资"管理的相关信息，包括资金收支明细、资产变动情况、资源开发利用方案等。村民可以通过手机、电脑等终端登录平台，实时查看村务信息，对"三资"管理工作进行监督。同时，设置意见反馈和在线投票功能，村民可以对重大事项发表意见和建议，参与村务决策，实现民主管理和民主监督。

（二）农村产权交易服务

依托数字化平台搭建农村产权交易服务平台，整合农村土地承包经营权、集体经营性资产、集体建设用地等各类产权交易信息。为交易双方提供信息发布、交易撮合、合同签订、资金结算等一站式服务。通过引入第三方评估机构和法律服务机构，对产权交易进行评估和法律审核，保障交易的公平、公正、合法。同时，利用大数据分析技术，对交易数据进行分析和挖掘，为农村产权交易市场的发展提供决策支持。

（三）乡村振兴项目管理

将乡村振兴项目纳入数字化管理范畴，在平台上建立项目库，对项目的申报、审批、实施、验收等全过程进行管理。项目申报单位在平台上提交项目申请，相关部门进行在线审核和评估；项目实施过程中，通过平台上传项目进度报告、资金使用情况等信息，实现对项目的动态监控；项目验收时，利用平台生成验收报告和评估意见。通过数字化管理，提高乡村振兴项目的管理效率和资金使用效益。

四、深化数据利用与分析

(一) 数据整合与共享

打破数据壁垒,实现"三资"管理数据与其他相关数据的整合与共享。将平台数据与财政、税务、审计、农业等部门的数据进行对接,建立数据共享机制。通过数据整合,形成全面、准确的农村经济数据资源库,为政府决策和社会服务提供支持。同时,制定数据共享标准和规范,确保数据在共享过程中的安全和可靠。

(二) 数据分析与决策支持

利用大数据分析技术,对"三资"管理数据进行深度挖掘和分析。通过对资金流动、资产运营、资源利用等数据的分析,发现管理中存在的问题和潜在风险,为管理者提供决策依据。例如,通过分析资金使用数据,找出资金使用效率低下的项目和环节,优化资金分配方案;通过分析资产运营数据,评估资产的盈利能力和保值增值情况,制定合理的资产运营策略。同时,建立数据可视化系统,将分析结果以图表、报表等形式直观展示,方便管理者快速了解情况,做出科学决策。

(三) 数据预测与风险预警

基于历史数据和市场趋势,运用数据预测模型对"三资"管理的未来发展进行预测。预测资金需求、资产价值变化、资源开发潜力等指标,提前做好应对准备。同时,建立风险预警机制,设置风险预警指标和阈值,当数据超过阈值时,系统自动发出预警信息。例如,当资金支出超过预算一定比例时,系统发出预算超支预警;当资产闲置时间过长时,发出资产闲置预警。通过风险预警,及时发现和解决问题,降低管理风险。

五、推进数字化管理的协同发展

(一) 加强部门间协同

"三资"管理涉及多个部门,加强部门间的协同合作是数字化管理实施的关键。建立部门间的信息共享和业务协同机制,实现数据的实时交换和业务的无缝衔接。例如,财政部门与农业农村部门共享资金拨付和资源管理数据,审计部门与纪检监察部门共享监督审计结果,形成工作合力,共同推进"三资"数字化管理工作。

(二) 促进城乡数据联通

推动农村"三资"管理数据与城市相关数据的联通,实现城乡数据资源的共享和融合。通过与城市产权交易市场、金融机构等的数据对接,为农村集体经济发展引入更多的资源和资金。同时,借鉴城市数字化管理的先进经验和技术,提升农村"三资"管理的水平。

(三) 推动区域间合作

加强区域间的合作与交流,建立区域"三资"管理数字化协作平台。通过平台共享管理经验、技术资源和市场信息,促进区域间农村集体经济的协同发展。例如,开展区域间农村产权交易合作,实现资源的优势互补;共同开发数字化管理应用,降低开发成本,提高管理效率。

第三节 数字化人才培养与技术支持

农村集体经济组织"三资"管理的数字化建设,不仅需要先进的平台和完善的实施应用体系,更依赖于专业的数字化人才队伍以及持续稳定的技术支持。人才是数字化管理的核心驱动

第七章 农村集体经济组织"三资"管理的数字化建设

力,技术是保障平台稳定运行与功能迭代的关键要素。只有加强数字化人才培养,构建全方位的技术支持体系,才能为"三资"管理数字化提供坚实保障,推动农村集体经济数字化转型可持续发展。

一、数字化人才培养体系建设

(一)分层分类的人才培养规划

针对农村"三资"管理数字化的不同岗位需求,制定分层分类的人才培养规划。首先,明确管理决策层、技术操作层和基层执行层的不同职责与能力要求。管理决策层需具备数字化战略规划、数据分析与决策能力;技术操作层要求掌握平台操作、系统维护、数据处理等专业技术;基层执行层则需熟练完成日常业务数据录入、信息收集等基础工作。其次,根据不同层次人才需求,设计差异化的培养内容和方式,确保培养出的人才能够精准匹配岗位需求。

(二)多元化的培养渠道

1. 校企合作培养

加强与高校、职业院校的合作,开设农村"三资"管理数字化相关专业或课程。高校利用自身的教学资源和科研优势,为学生提供系统的理论知识学习,包括信息技术、财务管理、农村经济等课程。同时,与地方农村集体经济组织建立实习基地,让学生参与实际的"三资"管理数字化工作,积累实践经验。通过校企合作,为农村输送具备专业知识和实践能力的高素质人才。

2. 职业技能培训

面向农村基层现有管理人员开展职业技能培训,提升其数字化管理能力。定期组织线上线下培训课程,邀请行业专家、技术人员进行授课,内容涵盖数字化平台操作、数据安全管理、数据分析应用等方面。培训采用理论讲解与实际操作相结合的方式,确保学员能够掌握所学知识和技能。同时,建立培训考核机制,对考核合格者颁发相应的职业技能证书,激励基层人员积极参与培训。

3. 人才引进与交流

制定优惠政策,吸引外部数字化人才到农村参与"三资"管理工作。对于引进的高端人才,在住房、待遇、发展空间等方面给予支持。同时,加强与其他地区的人才交流,组织农村"三资"管理人员到数字化管理先进地区学习交流,借鉴先进经验和管理模式,拓宽视野,提升管理水平。

(三) 建立人才激励机制

为激发数字化人才的工作积极性和创造力,建立完善的人才激励机制。在薪酬待遇方面,根据人才的技能水平、工作业绩给予相应的报酬,提高数字化人才的薪资水平,使其收入与付出相匹配。设立奖励基金,对在"三资"管理数字化工作中表现突出、做出重要贡献的个人和团队进行表彰和奖励。在职业发展方面,为人才提供晋升通道和培训机会,鼓励其不断提升自身能力。同时,营造良好的工作氛围,尊重人才、关心人才,增强人才的归属感和认同感。

二、技术支持体系构建

(一) 建立专业的技术服务团队

组建由信息技术专家、软件开发工程师、网络安全专家等组成的专业技术服务团队,为农村"三资"管理数字化平台提供全方位的技术支持。技术服务团队负责平台的日常维护、故障排除、系统升级等工作,确保平台稳定运行。定期对平台进行安全检测和漏洞修复，防范网络攻击和数据泄露风险。同时，根据业务需求和技术发展趋势，对平台功能进行优化和拓展，提升平台的实用性和先进性。

（二）完善技术服务机制

建立健全技术服务机制，提高技术服务的效率和质量。设立技术服务热线和在线服务平台，及时响应基层管理人员在平台使用过程中遇到的问题。制定技术服务流程和标准，明确问题受理、处理、反馈的各个环节和时间节点。对于一般性问题，要求技术服务人员在规定时间内给予解决；对于复杂问题，组织专家团队进行会诊，确保问题得到妥善处理。同时，建立技术服务满意度评价机制，收集用户反馈意见，不断改进技术服务工作。

（三）推动技术创新与应用

积极推动信息技术在农村"三资"管理中的创新应用，紧跟技术发展趋势，引入大数据、人工智能、区块链等先进技术。利用大数据技术对"三资"数据进行深度挖掘和分析，为管理决策提供更精准的支持；运用人工智能技术实现业务流程的自动化和智能化，提高管理效率；借助区块链技术确保数据的不可篡改和可追溯性，增强数据安全性和可信度。鼓励高校、科研机构与农村集体经济组织开展技术合作，共同研发适合农村"三资"管理的新技术、新应用，推动农村"三资"管理数字化水平不断提升。

（四）加强技术培训与推广

为确保基层管理人员能够熟练掌握数字化平台的操作和应用技术，加强技术培训与推广工作。除了在人才培养阶段进行系统的技术培训，还应定期开展针对新技术、新功能的专项培训。制作详细的操作手册和培训视频，方便基层人员随时学习和查阅。组织技术人员到农村进行现场指导和培训，面对面解决基层人员在技术应用过程中遇到的问题。通过多种形式的技术培训与推广，提高基层人员的技术应用能力，充分发挥数字化平台的优势。

三、技术与人才协同发展机制

(一) 建立技术需求反馈与人才培养联动机制

在农村"三资"管理数字化过程中，技术需求不断变化，为了使人才培养能够及时跟上技术发展的步伐，建立技术需求反馈与人才培养联动机制。技术服务团队在日常工作中，及时收集基层管理人员对平台功能和技术的需求，并反馈给人才培养机构。人才培养机构根据技术需求，调整培养方案和课程设置，培养符合实际需求的数字化人才。同时，人才培养机构也将人才培养过程中发现的问题和建议反馈给技术服务团队，促进技术的改进和优化。

(二) 开展技术创新与人才培养合作项目

鼓励高校、科研机构、企业与农村集体经济组织开展技术创新与人才培养合作项目。通过合作项目，将前沿技术应用到农村"三资"管理中，同时为人才提供实践创新的平台。例如，共同研发基于人工智能的"三资"风险预警系统，在项目实施过程中，培养技术人才的创新能力和实践能力，提高管理人才的数据分析和决策能力。合作项目还可以促进不同领域人才之间的交流与合作，形成技术与人才协同发展的良好局面。

(三) 构建技术与人才评价激励协同体系

建立统一的技术与人才评价激励协同体系，将技术创新成果与人才评价相结合。对于在技术创新方面取得突出成绩的团队和个人，给予相应的奖励和荣誉，并在人才晋升、职称评定等方面予以倾斜。同时，对在"三资"管理数字化工作中表现

第七章 农村集体经济组织"三资"管理的数字化建设

优秀的人才,根据其工作业绩和对技术应用的贡献,给予技术创新奖励和培训机会。通过这种协同激励机制,激发技术人员的创新热情和人才的工作积极性,实现技术与人才的良性互动和共同发展。

附录　中华人民共和国农村集体经济组织法

中华人民共和国农村集体经济组织法
(2024年6月28日第十四届全国人民代表大会
常务委员会第十次会议通过)

目录

第一章　总则

第二章　成员

第三章　组织登记

第四章　组织机构

第五章　财产经营管理和收益分配

第六章　扶持措施

第七章　争议的解决和法律责任

第八章　附则

第一章　总则

第一条　为了维护农村集体经济组织及其成员的合法权益，规范农村集体经济组织及其运行管理，促进新型农村集体经济高质量发展，巩固和完善农村基本经营制度和社会主义基本经济制度，推进乡村全面振兴，加快建设农业强国，促进共同富裕,根据宪法,制定本法。

第二条 本法所称农村集体经济组织,是指以土地集体所有为基础,依法代表成员集体行使所有权,实行家庭承包经营为基础、统分结合双层经营体制的区域性经济组织,包括乡镇级农村集体经济组织、村级农村集体经济组织、组级农村集体经济组织。

第三条 农村集体经济组织是发展壮大新型农村集体经济、巩固社会主义公有制、促进共同富裕的重要主体,是健全乡村治理体系、实现乡村善治的重要力量,是提升中国共产党农村基层组织凝聚力、巩固党在农村执政根基的重要保障。

第四条 农村集体经济组织应当坚持以下原则:

(一)坚持中国共产党的领导,在乡镇党委、街道党工委和村党组织的领导下依法履职;

(二)坚持社会主义集体所有制,维护集体及其成员的合法权益;

(三)坚持民主管理,农村集体经济组织成员依照法律法规和农村集体经济组织章程平等享有权利、承担义务;

(四)坚持按劳分配为主体、多种分配方式并存,促进农村共同富裕。

第五条 农村集体经济组织依法代表成员集体行使所有权,履行下列职能:

(一)发包农村土地;

(二)办理农村宅基地申请、使用事项;

（三）合理开发利用和保护耕地、林地、草地等土地资源并进行监督；

（四）使用集体经营性建设用地或者通过出让、出租等方式交由单位、个人使用；

（五）组织开展集体财产经营、管理；

（六）决定集体出资的企业所有权变动；

（七）分配、使用集体收益；

（八）分配、使用集体土地被征收征用的土地补偿费等；

（九）为成员的生产经营提供技术、信息等服务；

（十）支持和配合村民委员会在村党组织领导下开展村民自治；

（十一）支持农村其他经济组织、社会组织依法发挥作用；

（十二）法律法规和农村集体经济组织章程规定的其他职能。

第六条 农村集体经济组织依照本法登记，取得特别法人资格，依法从事与其履行职能相适应的民事活动。

农村集体经济组织不适用有关破产法律的规定。

农村集体经济组织可以依法出资设立或者参与设立公司、农民专业合作社等市场主体，以其出资为限对其设立或者参与设立的市场主体的债务承担责任。

第七条 农村集体经济组织从事经营管理和服务活动，应当遵守法律法规，遵守社会公德、商业道德，诚实守信，承担社会责任。

附录　中华人民共和国农村集体经济组织法

第八条　国家保护农村集体经济组织及其成员的合法权益，任何组织和个人不得侵犯。

农村集体经济组织成员集体所有的财产受法律保护，任何组织和个人不得侵占、挪用、截留、哄抢、私分、破坏。

妇女享有与男子平等的权利，不得以妇女未婚、结婚、离婚、丧偶、户无男性等为由，侵害妇女在农村集体经济组织中的各项权益。

第九条　国家通过财政、税收、金融、土地、人才以及产业政策等扶持措施，促进农村集体经济组织发展，壮大新型农村集体经济。

国家鼓励和支持机关、企事业单位、社会团体等组织和个人为农村集体经济组织提供帮助和服务。

对发展农村集体经济组织事业做出突出贡献的组织和个人，按照国家规定给予表彰和奖励。

第十条　国务院农业农村主管部门负责指导全国农村集体经济组织的建设和发展。国务院其他有关部门在各自职责范围内负责有关的工作。

县级以上地方人民政府农业农村主管部门负责本行政区域内农村集体经济组织的登记管理、运行监督指导以及承包地、宅基地等集体财产管理和产权流转交易等的监督指导。县级以上地方人民政府其他有关部门在各自职责范围内负责有关的工作。

乡镇人民政府、街道办事处负责本行政区域内农村集体经济组织的监督管理等。

县级以上人民政府农业农村主管部门应当会同有关部门加强对农村集体经济组织工作的综合协调，指导、协调、扶持、推动农村集体经济组织的建设和发展。

地方各级人民政府和县级以上人民政府农业农村主管部门应当采取措施，建立健全集体财产监督管理服务体系，加强基层队伍建设，配备与集体财产监督管理工作相适应的专业人员。

第二章　成员

第十一条　户籍在或者曾经在农村集体经济组织并与农村集体经济组织形成稳定的权利义务关系，以农村集体经济组织成员集体所有的土地等财产为基本生活保障的居民，为农村集体经济组织成员。

第十二条　农村集体经济组织通过成员大会，依据前条规定确认农村集体经济组织成员。

对因成员生育而增加的人员，农村集体经济组织应当确认为农村集体经济组织成员。对因成员结婚、收养或者因政策性移民而增加的人员，农村集体经济组织一般应当确认为农村集体经济组织成员。

确认农村集体经济组织成员，不得违反本法和其他法律法规的规定。

农村集体经济组织应当制作或者变更成员名册。成员名册应当报乡镇人民政府、街道办事处和县级人民政府农业农村主管部门备案。

省、自治区、直辖市人民代表大会及其常务委员会可以根据本法，结合本行政区域实际情况，对农村集体经济组织的成员确认作出具体规定。

第十三条　农村集体经济组织成员享有下列权利：

（一）依照法律法规和农村集体经济组织章程选举和被选举为成员代表、理事会成员、监事会成员或者监事；

（二）依照法律法规和农村集体经济组织章程参加成员大会、成员代表大会，参与表决决定农村集体经济组织重大事项和重要事务；

（三）查阅、复制农村集体经济组织财务会计报告、会议记录等资料，了解有关情况；

（四）监督农村集体经济组织的生产经营管理活动和集体收益的分配、使用，并提出意见和建议；

（五）依法承包农村集体经济组织发包的农村土地；

（六）依法申请取得宅基地使用权；

（七）参与分配集体收益；

（八）集体土地被征收征用时参与分配土地补偿费等；

（九）享受农村集体经济组织提供的服务和福利；

（十）法律法规和农村集体经济组织章程规定的其他权利。

第十四条　农村集体经济组织成员履行下列义务：

（一）遵守法律法规和农村集体经济组织章程；

（二）执行农村集体经济组织依照法律法规和农村集体经济组织章程作出的决定；

（三）维护农村集体经济组织合法权益；

（四）合理利用和保护集体土地等资源；

（五）参与、支持农村集体经济组织的生产经营管理活动和公益活动；

（六）法律法规和农村集体经济组织章程规定的其他义务。

第十五条　非农村集体经济组织成员长期在农村集体经济组织工作，对集体做出贡献的，经农村集体经济组织成员大会全体成员四分之三以上同意，可以享有本法第十三条第七项、第九项、第十项规定的权利。

第十六条　农村集体经济组织成员提出书面申请并经农村集体经济组织同意的，可以自愿退出农村集体经济组织。

农村集体经济组织成员自愿退出的，可以与农村集体经济组织协商获得适当补偿或者在一定期限内保留其已经享有的财产权益，但是不得要求分割集体财产。

第十七条　有下列情形之一的，丧失农村集体经济组织成员身份：

（一）死亡；

（二）丧失中华人民共和国国籍；

（三）已经取得其他农村集体经济组织成员身份；

（四）已经成为公务员，但是聘任制公务员除外；

（五）法律法规和农村集体经济组织章程规定的其他情形。

因前款第三项、第四项情形而丧失农村集体经济组织成员身份的，依照法律法规、国家有关规定和农村集体经济组织章程，经与农村集体经济组织协商，可以在一定期限内保留其已经享有的相关权益。

第十八条 农村集体经济组织成员不因就学、服役、务工、经商、离婚、丧偶、服刑等原因而丧失农村集体经济组织成员身份。

农村集体经济组织成员结婚，未取得其他农村集体经济组织成员身份的，原农村集体经济组织不得取消其成员身份。

第三章 组织登记

第十九条 农村集体经济组织应当具备下列条件：

（一）有符合本法规定的成员；

（二）有符合本法规定的集体财产；

（三）有符合本法规定的农村集体经济组织章程；

（四）有符合本法规定的名称和住所；

（五）有符合本法规定的组织机构。

符合前款规定条件的村一般应当设立农村集体经济组织，村民小组可以根据情况设立农村集体经济组织；乡镇确有需要的，可以设立农村集体经济组织。

设立农村集体经济组织不得改变集体土地所有权。

第二十条 农村集体经济组织章程应当载明下列事项：

（一）农村集体经济组织的名称、法定代表人、住所和财产范围；

（二）农村集体经济组织成员确认规则和程序；

（三）农村集体经济组织的机构；

（四）集体财产经营和财务管理；

（五）集体经营性财产收益权的量化与分配；

（六）农村集体经济组织的变更和注销；

（七）需要载明的其他事项。

农村集体经济组织章程应当报乡镇人民政府、街道办事处和县级人民政府农业农村主管部门备案。

国务院农业农村主管部门根据本法和其他有关法律法规制定农村集体经济组织示范章程。

第二十一条　农村集体经济组织的名称中应当标明"集体经济组织"字样，以及所在县、不设区的市、市辖区、乡、民族乡、镇、村或者组的名称。

农村集体经济组织以其主要办事机构所在地为住所。

第二十二条　农村集体经济组织成员大会表决通过本农村集体经济组织章程、确认本农村集体经济组织成员、选举本农村集体经济组织理事会成员、监事会成员或者监事后，应当及时向县级以上地方人民政府农业农村主管部门申请登记，取得农村集体经济组织登记证书。

农村集体经济组织登记办法由国务院农业农村主管部门制定。

第二十三条　农村集体经济组织合并的，应当在清产核资的基础上编制资产负债表和财产清单。

农村集体经济组织合并的，应当由各自的成员大会形成决定，经乡镇人民政府、街道办事处审核后，报县级以上地方人民政府批准。

农村集体经济组织应当在获得批准合并之日起十日内通知债权人，债权人可以要求农村集体经济组织清偿债务或者提供相应担保。

合并各方的债权债务由合并后的农村集体经济组织承继。

第二十四条　农村集体经济组织分立的，应当在清产核资的基础上分配财产、分解债权债务。

农村集体经济组织分立的，应当由成员大会形成决定，经乡镇人民政府、街道办事处审核后，报县级以上地方人民政府批准。

农村集体经济组织应当在获得批准分立之日起十日内通知债权人。

农村集体经济组织分立前的债权债务，由分立后的农村集体经济组织享有连带债权，承担连带债务，但是农村集体经济组织分立时已经与债权人或者债务人达成清偿债务的书面协议的，从其约定。

第二十五条　农村集体经济组织合并、分立或者登记事项变动的，应当办理变更登记。

农村集体经济组织因合并、分立等原因需要解散的，依法办理注销登记后终止。

第四章　组织机构

第二十六条　农村集体经济组织成员大会由具有完全民事行为能力的全体成员组成，是本农村集体经济组织的权力机构，依法行使下列职权：

（一）制定、修改农村集体经济组织章程；

（二）制定、修改农村集体经济组织内部管理制度；

（三）确认农村集体经济组织成员；

（四）选举、罢免农村集体经济组织理事会成员、监事会成员或者监事；

（五）审议农村集体经济组织理事会、监事会或者监事的工作报告；

（六）决定农村集体经济组织理事会成员、监事会成员或者监事的报酬及主要经营管理人员的聘任、解聘和报酬；

（七）批准农村集体经济组织的集体经济发展规划、业务经营计划、年度财务预决算、收益分配方案；

（八）对农村土地承包、宅基地使用和集体经营性财产收益权份额量化方案等事项作出决定；

（九）对集体经营性建设用地使用、出让、出租方案等事项作出决定；

（十）决定土地补偿费等的分配、使用办法；

（十一）决定投资等重大事项；

（十二）决定农村集体经济组织合并、分立等重大事项；

（十三）法律法规和农村集体经济组织章程规定的其他职权。

需由成员大会审议决定的重要事项，应当先经乡镇党委、街道党工委或者村党组织研究讨论。

第二十七条 农村集体经济组织召开成员大会，应当将会议召开的时间、地点和审议的事项于会议召开十日前通知全体成员，有三分之二以上具有完全民事行为能力的成员参加。成员无法在现场参加会议的，可以通过即时通讯工具在线参加会议，或者书面委托本农村集体经济组织同一户内具有完全民事行为能力的其他家庭成员代为参加会议。

成员大会每年至少召开一次，并由理事会召集，由理事长、副理事长或者理事长指定的成员主持。

成员大会实行一人一票的表决方式。成员大会作出决定，应当经本农村集体经济组织成员大会全体成员三分之二以上同意，本法或者其他法律法规、农村集体经济组织章程有更严格规定的，从其规定。

第二十八条　农村集体经济组织成员较多的，可以按照农村集体经济组织章程规定设立成员代表大会。

设立成员代表大会的，一般每五户至十五户选举代表一人，代表人数应当多于二十人，并且有适当数量的妇女代表。

成员代表的任期为五年，可以连选连任。

成员代表大会按照农村集体经济组织章程规定行使本法第二十六条第一款规定的成员大会部分职权，但是第一项、第三项、第八项、第十项、第十二项规定的职权除外。

成员代表大会实行一人一票的表决方式。成员代表大会作出决定，应当经全体成员代表三分之二以上同意。

第二十九条　农村集体经济组织设理事会，一般由三至七名单数成员组成。理事会设理事长一名，可以设副理事长。理事长、副理事长、理事的产生办法由农村集体经济组织章程规定。理事会成员之间应当实行近亲属回避。理事会成员的任期为五年，可以连选连任。

理事长是农村集体经济组织的法定代表人。

乡镇党委、街道党工委或者村党组织可以提名推荐农村集体经济组织理事会成员候选人，党组织负责人可以通过法定程序担任农村集体经济组织理事长。

第三十条　理事会对成员大会、成员代表大会负责，行使下列职权：

（一）召集、主持成员大会、成员代表大会，并向其报告工作；

（二）执行成员大会、成员代表大会的决定；

（三）起草农村集体经济组织章程修改草案；

（四）起草集体经济发展规划、业务经营计划、内部管理制度等；

（五）起草农村土地承包、宅基地使用、集体经营性财产收益权份额量化，以及集体经营性建设用地使用、出让或者出租等方案；

（六）起草投资方案；

（七）起草年度财务预决算、收益分配方案等；

（八）提出聘任、解聘主要经营管理人员及决定其报酬的建议；

（九）依照法律法规和农村集体经济组织章程管理集体财产和财务，保障集体财产安全；

（十）代表农村集体经济组织签订承包、出租、入股等合

同,监督、督促承包方、承租方、被投资方等履行合同;

(十一) 接受、处理有关质询、建议并作出答复;

(十二) 农村集体经济组织章程规定的其他职权。

第三十一条 理事会会议应当有三分之二以上的理事会成员出席。

理事会实行一人一票的表决方式。理事会作出决定,应当经全体理事的过半数同意。

理事会的议事方式和表决程序由农村集体经济组织章程具体规定。

第三十二条 农村集体经济组织设监事会,成员较少的可以设一至二名监事,行使监督理事会执行成员大会和成员代表大会决定、监督检查集体财产经营管理情况、审核监督本农村集体经济组织财务状况等内部监督职权。必要时,监事会或者监事可以组织对本农村集体经济组织的财务进行内部审计,审计结果应当向成员大会、成员代表大会报告。

监事会或者监事的产生办法、具体职权、议事方式和表决程序等,由农村集体经济组织章程规定。

第三十三条 农村集体经济组织成员大会、成员代表大会、理事会、监事会或者监事召开会议,应当按照规定制作、保存会议记录。

第三十四条 农村集体经济组织理事会成员、监事会成员或者监事与村党组织领导班子成员、村民委员会成员可以根据情况交叉任职。

农村集体经济组织理事会成员、财务人员、会计人员及其近亲属不得担任监事会成员或者监事。

第三十五条　农村集体经济组织理事会成员、监事会成员或者监事应当遵守法律法规和农村集体经济组织章程，履行诚实信用、勤勉谨慎的义务，为农村集体经济组织及其成员的利益管理集体财产，处理农村集体经济组织事务。

农村集体经济组织理事会成员、监事会成员或者监事、主要经营管理人员不得有下列行为：

（一）侵占、挪用、截留、哄抢、私分、破坏集体财产；

（二）直接或者间接向农村集体经济组织借款；

（三）以集体财产为本人或者他人债务提供担保；

（四）违反法律法规或者国家有关规定为地方政府举借债务；

（五）以农村集体经济组织名义开展非法集资等非法金融活动；

（六）将集体财产低价折股、转让、租赁；

（七）以集体财产加入合伙企业成为普通合伙人；

（八）接受他人与农村集体经济组织交易的佣金归为己有；

（九）泄露农村集体经济组织的商业秘密；

（十）其他损害农村集体经济组织合法权益的行为。

第五章　财产经营管理和收益分配

第三十六条　集体财产主要包括：

（一）集体所有的土地和森林、山岭、草原、荒地、滩涂；

（二）集体所有的建筑物、生产设施、农田水利设施；

（三）集体所有的教育、科技、文化、卫生、体育、交通等设施和农村人居环境基础设施；

（四）集体所有的资金；

（五）集体投资兴办的企业和集体持有的其他经济组织的股权及其他投资性权利；

（六）集体所有的无形资产；

（七）集体所有的接受国家扶持、社会捐赠、减免税费等形成的财产；

（八）集体所有的其他财产。

集体财产依法由农村集体经济组织成员集体所有，由农村集体经济组织依法代表成员集体行使所有权，不得分割到成员个人。

第三十七条　集体所有和国家所有依法由农民集体使用的耕地、林地、草地以及其他依法用于农业的土地，依照农村土地承包的法律实行承包经营。

集体所有的宅基地等建设用地，依照法律、行政法规和国家有关规定取得、使用、管理。

集体所有的建筑物、生产设施、农田水利设施，由农村集体经济组织按照国家有关规定和农村集体经济组织章程使用、管理。

集体所有的教育、科技、文化、卫生、体育、交通等设施和农村人居环境基础设施，依照法律法规、国家有关规定和农村集体经济组织章程使用、管理。

第三十八条 依法应当实行家庭承包的耕地、林地、草地以外的其他农村土地，农村集体经济组织可以直接组织经营或者依法实行承包经营，也可以依法采取土地经营权出租、入股等方式经营。

第三十九条 对符合国家规定的集体经营性建设用地，农村集体经济组织应当优先用于保障乡村产业发展和乡村建设，也可以依法通过出让、出租等方式交由单位或者个人有偿使用。

第四十条 农村集体经济组织可以将集体所有的经营性财产的收益权以份额形式量化到本农村集体经济组织成员，作为其参与集体收益分配的基本依据。

集体所有的经营性财产包括本法第三十六条第一款第一项中可以依法入市、流转的财产用益物权和第二项、第四项至第七项的财产。

国务院农业农村主管部门可以根据本法制定集体经营性财产收益权量化的具体办法。

第四十一条 农村集体经济组织可以探索通过资源发包、物业出租、居间服务、经营性财产参股等多样化途径发展新型农村集体经济。

第四十二条 农村集体经济组织当年收益应当按照农村集体经济组织章程规定提取公积公益金，用于弥补亏损、扩大生产经营等，剩余的可分配收益按照量化给农村集体经济组织成员的集体经营性财产收益权份额进行分配。

第四十三条　农村集体经济组织应当加强集体财产管理，建立集体财产清查、保管、使用、处置、公开等制度，促进集体财产保值增值。

省、自治区、直辖市可以根据实际情况，制定本行政区域农村集体财产管理具体办法，实现集体财产管理制度化、规范化和信息化。

第四十四条　农村集体经济组织应当按照国务院有关部门制定的农村集体经济组织财务会计制度进行财务管理和会计核算。

农村集体经济组织应当根据会计业务的需要，设置会计机构，或者设置会计人员并指定会计主管人员，也可以按照规定委托代理记账。

集体所有的资金不得存入以个人名义开立的账户。

第四十五条　农村集体经济组织应当定期将财务情况向农村集体经济组织成员公布。集体财产使用管理情况、涉及农村集体经济组织及其成员利益的重大事项应当及时公布。农村集体经济组织理事会应当保证所公布事项的真实性。

第四十六条　农村集体经济组织应当编制年度经营报告、年度财务会计报告和收益分配方案，并于成员大会、成员代表大会召开十日前，提供给农村集体经济组织成员查阅。

第四十七条　农村集体经济组织应当依法接受审计监督。

县级以上地方人民政府农业农村主管部门和乡镇人民政府、街道办事处根据情况对农村集体经济组织开展定期审计、专项审计。审计办法由国务院农业农村主管部门制定。

审计机关依法对农村集体经济组织接受、运用财政资金的真实、合法和效益情况进行审计监督。

第四十八条　农村集体经济组织应当自觉接受有关机关和组织对集体财产使用管理情况的监督。

第六章　扶持措施

第四十九条　县级以上人民政府应当合理安排资金，支持农村集体经济组织发展新型农村集体经济、服务集体成员。

各级财政支持的农业发展和农村建设项目，依法将适宜的项目优先交由符合条件的农村集体经济组织承担。国家对欠发达地区和革命老区、民族地区、边疆地区的农村集体经济组织给予优先扶助。

县级以上人民政府有关部门应当依法加强对财政补助资金使用情况的监督。

第五十条　农村集体经济组织依法履行纳税义务，依法享受税收优惠。

农村集体经济组织开展生产经营管理活动或者因开展农村集体产权制度改革办理土地、房屋权属变更，按照国家规定享受税收优惠。

第五十一条　农村集体经济组织用于集体公益和综合服务、保障村级组织和村务运转等支出，按照国家规定计入相应成本。

第五十二条　国家鼓励政策性金融机构立足职能定位，在业务范围内采取多种形式对农村集体经济组织发展新型农村集体经济提供多渠道资金支持。

国家鼓励商业性金融机构为农村集体经济组织及其成员提供多样化金融服务,优先支持符合条件的农村集体经济发展项目,支持农村集体经济组织开展集体经营性财产股权质押贷款;鼓励融资担保机构为农村集体经济组织提供融资担保服务;鼓励保险机构为农村集体经济组织提供保险服务。

第五十三条 乡镇人民政府编制村庄规划应当根据实际需要合理安排集体经济发展各项建设用地。

土地整理新增耕地形成土地指标交易的收益,应当保障农村集体经济组织和相关权利人的合法权益。

第五十四条 县级人民政府和乡镇人民政府、街道办事处应当加强农村集体经济组织经营管理队伍建设,制定农村集体经济组织人才培养计划,完善激励机制,支持和引导各类人才服务新型农村集体经济发展。

第五十五条 各级人民政府应当在用水、用电、用气以及网络、交通等公共设施和农村人居环境基础设施配置方面为农村集体经济组织建设发展提供支持。

第七章 争议的解决和法律责任

第五十六条 对确认农村集体经济组织成员身份有异议,或者农村集体经济组织因内部管理、运行、收益分配等发生纠纷的,当事人可以请求乡镇人民政府、街道办事处或者县级人民政府农业农村主管部门调解解决;不愿调解或者调解不成的,可以向农村土地承包仲裁机构申请仲裁,也可以直接向人民法院提起诉讼。

确认农村集体经济组织成员身份时侵害妇女合法权益，导致社会公共利益受损的，检察机关可以发出检察建议或者依法提起公益诉讼。

第五十七条 农村集体经济组织成员大会、成员代表大会、理事会或者农村集体经济组织负责人作出的决定侵害农村集体经济组织成员合法权益的，受侵害的农村集体经济组织成员可以请求人民法院予以撤销。但是，农村集体经济组织按照该决定与善意相对人形成的民事法律关系不受影响。

受侵害的农村集体经济组织成员自知道或者应当知道撤销事由之日起一年内或者自该决定作出之日起五年内未行使撤销权的，撤销权消灭。

第五十八条 农村集体经济组织理事会成员、监事会成员或者监事、主要经营管理人员有本法第三十五条第二款规定行为的，由乡镇人民政府、街道办事处或者县级人民政府农业农村主管部门责令限期改正；情节严重的，依法给予处分或者行政处罚；造成集体财产损失的，依法承担赔偿责任；构成犯罪的，依法追究刑事责任。

前款规定的人员违反本法规定，以集体财产为本人或者他人债务提供担保的，该担保无效。

第五十九条 对于侵害农村集体经济组织合法权益的行为，农村集体经济组织可以依法向人民法院提起诉讼。

第六十条 农村集体经济组织理事会成员、监事会成员或者监事、主要经营管理人员执行职务时违反法律法规或者农村集体经济组织章程的规定，给农村集体经济组织造成损失的，应当依法承担赔偿责任。

前款规定的人员有前款行为的，农村集体经济组织理事会、监事会或者监事应当向人民法院提起诉讼；未及时提起诉讼的，十名以上具有完全民事行为能力的农村集体经济组织成员可以书面请求监事会或者监事向人民法院提起诉讼。

监事会或者监事收到书面请求后拒绝提起诉讼或者自收到请求之日起十五日内未提起诉讼的，前款规定的提出书面请求的农村集体经济组织成员可以为农村集体经济组织的利益，以自己的名义向人民法院提起诉讼。

第六十一条　农村集体经济组织章程或者农村集体经济组织成员大会、成员代表大会所作的决定违反本法或者其他法律法规规定的，由乡镇人民政府、街道办事处或者县级人民政府农业农村主管部门责令限期改正。

第六十二条　地方人民政府及其有关部门非法干预农村集体经济组织经营管理和财产管理活动或者未依法履行相应监管职责的，由上级人民政府责令限期改正；情节严重的，依法追究相关责任人员的法律责任。

第六十三条　农村集体经济组织对行政机关的行政行为不服的，可以依法申请行政复议或者提起行政诉讼。

第八章　附则

第六十四条　未设立农村集体经济组织的，村民委员会、村民小组可以依法代行农村集体经济组织的职能。

村民委员会、村民小组依法代行农村集体经济组织职能的，讨论决定有关集体财产和成员权益的事项参照适用本法的相关规定。

第六十五条　本法施行前已经按照国家规定登记的农村集体经济组织及其名称，本法施行后在法人登记证书有效期限内继续有效。

第六十六条　本法施行前农村集体经济组织开展农村集体产权制度改革时已经被确认的成员，本法施行后不需要重新确认。

第六十七条　本法自2025年5月1日起施行。

参考文献

财政部教材编审委员会，培训教材编审委员会，2015. 农村集体经济组织"三资"管理［M］. 北京：中国财政经济出版社.

法规应用研究中心，2024. 农村集体经济组织法一本通（第九版）［M］. 北京：中国法制出版社.

李绍立，杜玉平，韩少卿，2023. 农业技术与农村财务管理［M］. 天津：天津科学技术出版社.

天津市第一中级人民法院，2022. 乡村振兴实用法律手册：风险防范·职责梳理·流程图解［M］. 北京：法律出版社.

王宾，綦好东，余葵，2022. 农村集体经济组织财务制度讲解［M］. 北京：中国财政经济出版社.